설담 운성스님

인연因緣 이야기

설담 운성스님

# 인연因緣 이야기

인연은 씨앗과 같다
우리의 일상은 어느 하나도
씨앗이 되지 않는 것이 없다

## 머리글

하늘 뚫어
그렁그렁 구름 흐르고
구름 비집은 사이로
잔주름 살가운
얼굴 하나 흐르고

굽은 눈섶 아래
깊이 숨겨진
아득한 기억의
흐린 눈동자 하나.

밤새워 하늘 떠도는
작은 별이 되어
이슬 내리는 어둠을
끝없이 서성이는 그대

아름드리 이름이여!
어디서 와서 어디로 가는가?
아무도 알지 못하는 길
까만 어둠 속의 길 끝이여!


해는 서산에 지고
겨울 떠난 자리
끝내 봄은 다시 오고
가지마다 꽃은 피고


떠나도 다시 오고
떠나도 다시 오는
잊혀지지 않는 인연 하나.
결국 돌아가야 할
텅 비어 일물도 없는 자리

# 차 례

1부  인연은 씨앗과 같다

# 2 부 인연은 다듬어 가는 것

# 3 부 좋은 세상

# 4 부 보살이 사는 법

# 1부

## 인연은 씨앗과 같다

# 해사 김성근

해사 김성근은 조선 말엽 1835년에 태어나 27세에 문과 급제해 전라 관찰사. 이조판서. 예조참판. 홍문관 제학. 법무대신, 탁지부 대신. 등 여러 관직을 두루 거친 뛰어난 필력을 보이기도 한 재상이다.

그의 특출한 인연 이야기로 인해 각별한 불교와의 관계가 이어져 수많은 현판 주련이 그에 의해 써져서 절마다 걸렸는데 대강 범어사 일주문의 "禪刹大本山" "金井山 梵魚寺"가 그것이고 동화사의 "靈山殿" 현판. 옥천사의 "玉泉閣". 대흥사의 "頭輪山 大興寺" 등이 있으며 이 밖에도 다 열거할 수 없을 정도로 수가 많다.

27세에 급제하여 승승장구하면서 전라 관찰사를 거

친 일이 있는데 그때 전주의 원암산 원등암을 참배했다. 마침 전해 내려오는 석함이 있는데 아무도 열지 못하고 있다는 소리를 듣고 한 번 보기를 청했다.

지금까지 아무도 열지 못하고 있던 돌 함이 그의 손이 닿자 가볍게 열렸다. 돌 함에서는 종이에 길게 쓴 글이 나왔는데 그중 일부 내용은 이러했다.

遠岩山上 日輪月　影墮都城 作宰身
원암산상 일륜월　영타도성 작제신
甲午以前 海奉僧　甲午以後 金聲根
갑오이전 해봉승　갑오이후 김성근

원암산의 붉은 해가 서울 도성에 떨어져
재상의 몸을 받게 되었으니
갑오년 이전에는 해봉스님이지만
갑오년 이후에는 김성근이 되도다

도광 14년 갑오 5월 15일 해동 사문 해봉 성찬이
원등암 16굴 중에 향 사루고 묻어두다.

그는 전생에 전주 원등암에서 수행하던 한 스님이었던 것이다.

해봉이라는 스님은 내생사를 알고 대비할 정도로 혜안이 밝았던 분이었으니 수행력이 대단했던 분으로 여겨진다.

그는 이후로 해봉스님의 이름을 따고 선비 정신을 기리는 뜻을 담아 호를 해사(海士)라 했으며. 많은 절을 찾아 공부하고 삼보를 받들어 보호하며 불교인으로 힘을 다하는 일생을 보냈다.

다음의 시 한 구절은 그가 석함을 연 뒤 심회를 토로한 것이다.

昔年曾遊 遠岩山　誤落漢城 作宰身
석년증유 원암산　오락한성 작제신
甲午以前 海奉僧　甲午以後 金聲根
갑오이전 해봉승　갑오이후 김성근


옛날 원암산에 노닐던 한 스님이
서울에 잘못 떨어져 재상이 되니
갑오년 이전에는 해봉스님이더니

갑오년 이후에는 김성근이 되었네.

인연은 씨앗과 같다 했다. 우리의 일상 움직임은 어느 하나도 씨앗이 되지 않는 것이 없다 하셨다. 오늘 좋은 씨를 뿌리고 성의를 다해 가꾸는 노력 없이는 도무지 좋은 인연 만날 수 없음을 명심해야 한다.

# 기 쁨

이란의 시인 "하페즈"는 이렇게 노래했다.

「인간은 사랑으로 태어나고 사랑으로 죽는다. 사랑할 줄 모르는 사람은 인생을 헛되게 사는 사람들이다」

사람은 누구나 기쁨을 누리기 위해 노력한다. 그러나 사람들은 용서하고 배려하는 너그러움이 보다 큰 기쁨이 됨을 알지 못한다.

사랑은 사람을 만나는 기쁨을 만들어 준다.

그러나 사람들은 아주 작은 사랑에 몰두하기 때문에 사람을 만나는 것이 고통이 되는 경우가 많다.

기쁨을 원하면서도 정작 기쁨이 되는 일을 하지는 않는 셈이다.

# 3
·········

## 손 님

매일 손님 치다꺼리에 진력이 난 어느 부잣집 며느리가 유명한 풍수를 찾아갔다.

「저희 집에 매일 손님이 너무 많이 몰려와 도무지 견딜 수가 없습니다. 손님 오지 않게 하는 방법을 좀 알려주세요.」

「고통을 이겨내지 않는 영화는 없는 것입니다.」

「어쨌건 너무 힘겨우니 손님 끊어지게 하는 법을 꼭 좀 알려주십시오.」

풍수는 결국 간청에 못 이겨 그 집으로 흘러가는 맥을 끊는 법을 가르쳐 주었다. 그 후로 그 집은 손님이 끊어지고 가세가 급하게 기울어 끝내 망하고 말았다.

옛 어른들께선 얻으러 오는 걸인을 절대 박대하지 않았다.

잘 사는 집일수록 가난한 이에게 후히 대접했다.

혹시 아랫사람들이 얻으러 오는 사람을 박대하거나 소홀히 대하면 「얻으러 오는 사람이 있어서 주러 오는 사람이 있다는 걸 알아야 한다.」고 타이르곤 하셨다.

행세하는 집안에선 반드시 사랑방을 마련해 지나가는 과객이 자고 갈 수 있게 했으며 음식을 정성껏 제공했다.

절에서도 객스님을 위한 객실을 언제나 사용할 수 있게 깨끗하게 마련해 두고 대중과 차별 없이 머무실 수 있게 배려했다.

수십 대를 부자로 살아 온 경주의 최부자네 가훈 중에는 「사십 리 안에 굶어 죽는 사람이 절대로 없게 하라.」는 구절이 있다.

말할 수 없는 어려움을 견디며 살고 있는 사막의 베두인족은 손님을 왕같이 모신다. 잠자리를 제일 좋은 자리로 모시고. 음식도 제일 맛있는 것을 먼저 드린다. 물론 절대로 돈은 받지 않는다.

사막을 떠도는 유랑 생활로 살아가는 사람들이 자기

들 먹을 것도 궁하기 짝이 없는데 손님을 우선 배려한다는 것은 정말 후한 인심이 아니고는 불가능하다.

뒷날 자신도 나그네가 되어 어떤 악조건을 만나 고생하게 될지 아무도 모른다. 그를 생각하면 오늘 베풀지 않을 수 없었을 것이다.

이슬람의 가르침 속에 나그네를 후히 대접하라는 말씀이 있다고 들었다.

「좋은 인연의 씨를 뿌리면 좋은 인연의 열매를 거두게 된다.」는 부처님 말씀에 일치함이다.

「주인 눈으로 보면 손님 같은 손님이 없고, 손님 눈으로 보면 주인 같은 주인이 없다.」는 말이 있다.

어떤 시각으로 보느냐에 따라 상대가 다르게 보인다. 제 구미에 맞는 경우 후히 대하고 맞지 않는 경우 박대하는 것은 바른 손님 접대가 아니다.

손님은 내게 좋은 인연의 씨앗을 심게 하는 귀한 분일 수 있다. 옛날 백운 스님은 「보시 공덕을 쌓을 수 있게 해준 걸인에게 오히려 고맙게 생각해야 한다.」하셨다.

요즈음은 극히 친한 사이가 아니면 남의 집을 방문하지 않는다. 손님 맞을 일이 거의 없는 것이다. 그럼에도 어쩌다 친척이나 이웃이 오는 것조차 싫어하는 이들이 있다. 참으로 박복한 짓이다. 행여 내게 손님이 오거든 좋은 인연의 씨를 심게 해주는 고마운 분이라 여기며 성의를 다해 대접해야 한다.

「행운의 신과 불행의 신은 늘 같이 다닌다」는 속담이 있다. 얻으러 오는 사람이 없으면 주러 오는 사람도 없다는 것을 명심해야 한다. 행운의 맥과 불행의 맥은 늘 같이 흐른다는 것을 잊지 말아야 한다.

# 4
·········

# 목욕하는 즐거움

목욕은 스님들이 마음 편히 즐길 수 있는 유일한 놀이다. 나는 씻기를 좋아해서 물 좋기로 유명한 어일의 헐쩍한 대중 온천에 하루걸러 다녀오곤 한다. 그 목욕탕은 작은 마을에 비해 시설이 아주 좋은 편이고. 이웃들에겐 욕비를 싸게 받아 불과 사천 원이면 되니 금전 부담도 적어 자주 이용하는 편이다.

얼마 전 주인이 바뀌고 관리인도 달라져서 혹시 전보다 서비스 질이 떨어질까 염려했지만 욕실 관리하는 분이 오히려 청소도 더 깔끔히 하고 손님들에게 매우 친절하고 자기 일에 성의를 다하는 모습이 보기에 아주 좋다.

벽에는 서산스님의 「踏雪野中去」를 비롯한 노자의

「止知不殆」 등 여러 가지 삶에 도움 되는 명구 격언들도 써 붙여서 비록 짧은 시간이지만 탕 속에 있는 동안 유용하게 시간 쓸 수 있게 해 놓기도 했다.

그분이 붙인 여러 격언 명구가 다 오래 기억하고 싶지만 그중 더 오래 기억하고 싶은 것이 있어 다른 이들과 함께하고자 여기 몇 줄 옮겨본다.

『좋은 차 타는 것을 자랑하지 마라.

그 차에 얼마나 많은 사람들이 타는가를 자랑하라.

지위가 높은 것을 자랑하지 마라.

얼마나 많은 사람들을 위해 봉사하는가를 자랑하라.

좋은 집에 사는 것을 자랑하지 마라.

얼마나 좋은 사람들이 드나드는가를 자랑하라.

돈이 많은 것을 자랑하지 마라.

얼마나 좋은 곳에 쓰는가를 자랑하라.

친구 많은 것을 자랑하지 마라.

당신을 진정 친구로 생각하는 사람이 얼마나 많은가를 자랑하라.

많은 일 하는 것을 자랑하지 마라.

좋은 일을 얼마나 많이 하는가를 자랑하라.

인연은 씨앗과 같다

좋은 동네에 사는 것을 자랑하지 마라.

이웃들과 얼마나 잘 지내는지를 자랑하라.』

　대부분의 목욕탕은 손님 얼굴도 쳐다보지도 않고 돈만 챙기고 갈 때도 인사 한마디 하지 않는다. 사뭇 사무적인 주고받음만 있을 뿐이다.

　서로 제 입장에서만 상대를 볼 것이 아니라, 상대를 이해하고 포용하는 시각으로 보아야 할 것이다.

　주인에겐 목욕하러 오시어 고마우신 손님이라는 시각이 필요하고, 손님에겐 목욕탕을 열어주시어 고마우신 주인이라는 시각이 필요하다.

　손님을 위해 하나라도 더 제공하려고 노력하는 주인이 되고, 물 한 방울이라도 아껴주려는 손님이 되어야 한다.

　그렇게 서로가 서로를 이해하고 귀하게 여기면 따로 극락에 가지 않더라도 지금 여기서 극락이 만들어져 가득한 기쁨을 누리게 될 것이다.

# 자성스님

자성스님은 한 스승을 모시고 불타의 법등에 불을 밝히던 형제였다.

사십 년 지기로 외로움을 서로 위로하던 다정한 벗이기도 했다.

백 리 길 넘는 먼 거리를 두고 있어서 잦은 동락은 나누지 못했지만 늘 곁에 있는 듯 전화 주고받으며 크고 작은 일에 뜻을 나누던 사이였다.

나이 들면서 저는 먼 울진으로 나는 남해의 끝 진해로 서로 멀리 떨어져 지냈지만 젊은 날은 스승 슬하에서 저는 법당을 쓸고, 나는 교육관을 걸레질하며 발가벗은 몸으로 매일 서로의 등을 밀어주는 세월을 한참이나 지내기도 했다.

유난히 강단 있어 보이는 몸이라서 우리들 중 가장 건강한 몸으로 오래 세월을 희롱하리라 여겼는데. 어느 날엔가 한번 몸을 가누지 못하더니 이후 날로 힘이 줄어지고 용맹도 잦아드는 가파른 쇠약을 보였다. 그래도 그리 바삐 떠나리라 아무도 생각지 못했다.

돌봐줄 가까운 가족 없는 스님들의 노후는 저마다 걱정 아닐 수 없는데, 그도 그렇게 아무도 없는 집에서 혼자 찬물에 몸 씻다가 씻은 몸으로 씻은 듯 떠났다.

비록 도제의 눈물 전송은 없었지만 사형 사제 적지 않은 집안이라 두루 힘을 모두어 보내는 송별 절차 어렵지 않게, 그리 초라하지 않게 치루었다.

소박하지만 드나던 입구에 부도 하나 세워 돌보던 암자에 흔적을 두었으니 작은 위로라도 되리라.

벗이여! 형제여!

올 때 인연 따라 텅 빈 공에서 홀연히 왔듯이 가는 길 또한 인연 따라 본래의 텅 빈 공으로 돌아가니 달은 서산에 지고 해는 동쪽에 뜨는 이치라.

그대 받은 등잔에 열심히 기름 붓고 심지 돋우어 그대 나름 불 꺼지지 않게 애를 썼으니 다시 애석하게 돌아볼 아무것도 없어야 한다.

다시 돌아올 기약도, 정토 향한 욕심도, 도무지 비우지 못한 자의 탐욕임을 통찰하여 한 점 티끌도 남지 않는 바이로차나 법신이 되기를 합장하노라.

매양 이별로 살아야 하는 출가인의 삶이건만 오늘도 떠나는 자의 뒷모습 바라보며 망연히 한숨 지우는 형제 있나니…….

그대여, 아시는가?

# 6

·········

# 耳順(소리를 들을 줄 아는 사람)

십수 년 전 지족암 스님이 회갑을 맞았던 어느 날 일이다. 음력으로 칠 월 삼 일이고 양력으로 팔 월 구 일이다.

상좌들 다섯 중 셋이 오고 울산서, 경주서, 대구서, 여러 신도들 모여들어 불국 선원 스님들 여남은과 함께 심검당을 가득 채워 축하 공양이 있었다.

인근의 셋째 상좌가 음식 준비하고 둘째가 연락 맡아 공양회를 열은 듯하다. 회갑은 특별한 생일이라서 마음 쓰는 이들이 많았다.

기실 전달부터 시작된 공양은 차반의 공양, 동암스님의 공양, 사제스님의 공양 등 여러 차례 있었다. 평소의 후덕한 교류가 인정으로 돌아오는 좋은 모습이다.

스님들은 출가 시에 이미 속가 인정을 버렸기에 세속 나이 이순 불혹 등은 줄창 외면한다. 어른들 지나가신 자취가 그러했고 대부분의 오늘 모습도 그러하다. 그럼에도 더러는 아랫사람들 성화로 생일상에 내몰리듯 앉아 있기도 한다.

나도 젊은 날에는 생일을 까맣게 잊어 지냈지만 머리 하얘지면서 연년이 껄끄러운 잔칫상에 엉거주춤 서 있는 고역을 치르곤 한다.

지족암 스님은 오신 이들에게 답하여 말하길, 「이순(耳順)을 맞는 날이니 말에 순종하고 뜻에 순종하여 세상과 척지지 아니하고 겸손하고 따뜻한 삶을 살겠노라」했다.

오늘에 이르도록 숱한 마주침으로 살아왔거늘 그때마다 겸손을 생활로 여겨 남 마음 상하지 않게 지나왔던가? 마땅히 돌아볼 나이에 이른 것이다.

이순에 이렀다는 것은 세상사에 앙앙불락 애태우지 아니하고 풍부한 경륜에 따라 여유롭고 넉넉한 인정 쓰며 지혜롭게 사는 나이에 이르렀다는 것일 게다.

공자께서 논어에서 사십은 불혹(不惑), 오십은 지천명(知天命), 육십은 이순(耳順)이라 이른 것은 사십 이후의 삶은 세상에 대한 의혹을 내려놓고 천명을 따라서 세상 소리에 순종하며 살아야겠더라는 본인의 회고담을 적은 것이다.

세상의 시선을 받는 것이 중요한 것이 아니라, 시선에 부끄럽지 않게 사는 것이 중요할 것이다. 소리를 다소곳이 듣는 것이 중요한 것이 아니라, 쓴소리를 고맙게 여기는 겸손한 태도가 중요할 것이다.

남은 날들 더 좋으신 스님으로 소리 없는 수행자 귀감이 되시기를 빌었다. 물론 건강하시기도 빌었다.

# 7
·········

# 가사 보시 공덕

가사(Kasaya)는 부처님으로부터 2600여 년 이어져 온 전통 법의다. 스님들이 예불이나 예경이나 법회에 참석할 때 반드시 입어야 하는 법복이다.

가섭에게 전하시고, 이어 아난에게 전하시고, 다시 서른세 번의 대를 이어 혜능께 전해졌고 계계승승 오늘에 이어진 부처님 가사는 불가의 전통성과 전법의 엄격성을 증거하는 당당한 역사다.

지금도 그 전통은 이어지고 있어서 스님이 제자를 맞이할 때 법을 전하는 증표로 반드시 가사를 마련해 발우와 함께 전한다.

가사는 싯다르타께서 처음 출가하여 스스로 머리를 자르고 화려한 태자 옷을 벗어 사냥꾼에게 주고 낡고

32

인연은 씨앗과 같다

떨어진 옷을 얻어 입은 데서 시작한다. 그래서 처음의 가사는 분소의(糞掃衣)라 했다. 버려진 헝겊을 주워 모아 만든 옷이라는 뜻이다.

출가인은 화려한 옷을 피해야 하며 가난을 벗으로 여기며 살아야 한다는 부처님의 절대적 명령이 담겨 있다.

자장율사께서 당나라에서 진신 사리와 함께 모셔와 통도사에 모셨다는, 부처님께서 입으시던 금란가사는 지금도 불자들 신심을 돋우는 소중한 신물로 받들어지고 있다.

가사는 중생의 삶을 지혜로 이끌어 더는 어리석음에 떨어지지 않게 하여 지옥을 면하게 하고 이별과 병고와 주림의 고통스런 인연에서 벗어나게 하는 해탈복이다.

중생들을 부지런히 가르치고 이끌어서 해탈에 도달하게 하고 복전에 이르게 하는 스님들이 입는 옷이라서 복전의(福田衣) 혹은 해탈의(解脫衣)라 하기도 한다.

가사 불사에 수고하는 이들에게 물 한 그릇 보시한 공덕도, 불사에 한 뜸 바느질을 거든 공덕도, 불사에

실 한 타래 시주한 공덕도 내생의 지옥고를 면하게 하는 좋은 인연이 된다 하였다.

남방 불교에선 스님들께 가사 보시하는 행사를 국왕이나 국가 지도자가 직접 주도하며 많은 신도들이 참석해 연중 큰 축제로 행해진다.

달마께서 이르시길,

"참 수행의 길로 나아가는 이여! 몸을 좋은 천으로 생각하고 바라밀을 훌륭한 바느질로 생각하여 부지런히 중생의 복전을 일구도록 하라." 하셨다.

가사를 시주하는 이나 가사를 입는 이나 참으로 자기 안의 진실한 자성을 찾아 가사의 검소하고 진실한 뜻을 언제나 상기하여 참삶을 가꾸는 증표로 삼아야 할 것이다.

가사 입으시는 스님들 지혜가 날로 밝아지시어
일체 중생 해탈로 이끄는 삼계의 스승 되시옵소서!
가사 보시한 시주님들 복덕이 날로 늘어나시어
금생 시름 다 벗어나시고 내생 복락 이루어지이다.

인연은 씨앗과 같다

# 황금 사슴

히말라야 산자락 수풀 우거진 곳에 오래전부터 사슴들이 평화롭게 살고 있었다.

어느 날 암사슴 한 마리가 금빛 눈부신 털을 가진 새끼 사슴을 낳았다.

다른 사슴들과 전혀 다른 황금빛 아기 사슴을 보고 놀란 어미는 젖을 물리지도 돌보지도 않고 방치했다.

그렇게 며칠이 지났지만 아기 사슴은 비틀거리거나 풀 죽어 엎드려 있지도 않고 건강하게 풀밭을 뛰어다녔다.

저녁이면 설산에서 가릉빈가라는 새가 먹을 것을 가져와 아기 사슴에게 먹이고 돌아가곤 했다.

가만히 지켜보던 무리의 지도자이자 아기 사슴의

아비인 수사슴이 어미 사슴에게 말했다.

"이 아기는 미래에 우리의 지도자가 될 훌륭한 아기인 듯하오. 성의를 다해 보살피도록 하시오."

그로부터 어미의 극진한 보살핌을 받으며 무럭무럭 자란 아기 사슴은 어느덧 훌륭한 수사슴으로 성장하여 풀이 싱싱한 곳으로 위험하지 않은 곳으로 무리를 이끄는 지혜로운 지도자가 되었다.

어느 날 인간의 임금이 사슴 사냥을 나와 이리저리 사슴들을 몰아붙이며 닥치는 대로 마구 죽였다. 보다 못한 황금 사슴왕이 인간의 임금에게 다가가 말했다.

"임금님께서 사슴들을 이렇게 마구 죽이면 얼마 가지 않아 사슴들은 전멸하게 될 것입니다. 그러면 더는 사슴 사냥도 할 수 없을 것이며 우리들도 후손이 끊길 것이니 그러지 마시고 하루에 한 마리씩 사슴을 바칠 테니 사냥을 중지해 주십시오."

인간의 왕은 그 말을 옳게 생각하여 하루 한 마리의 사슴을 받기로 하고 사냥을 중지하고 돌아갔다.

인간의 임금에게 사슴 한 마리씩 바치며 지나던 어느 날, 새끼를 낳은 어미 사슴 차례가 되었다. 어미 사슴은 사슴왕에게 "새끼가 다 자랄 때까지만 순서를 바꿔 달라."고 애원했다.

그러나 아무도 순서를 바꿔 주려 하지 않았다. 하는 수 없이 사슴왕이 나서는 수밖에 없었다.

어미 사슴을 대신해 차례를 자청한 사슴왕의 희생 정신과 무리 사랑을 알게 된 임금은 그날로 전국에 사슴 사냥을 금지하고 다른 동물의 살생도 금했다.

석가님의 오백 편이 넘는 전생 이야기 중 하나다.

임금이란 백성을 보살피고 보호하는 역할을 해야 하며 나라를 튼튼하게 만들어야 하는 책임을 진 희생과 봉사의 직책이다.

동서고금의 수많은 임금들이 이 책무를 망각하고 지배에만 집착해 민생을 도탄에 빠트리고 자신도 비참하게 허물어져 가는 경우가 수없이 많았다.

지도자의 자세는 예나 지금이나 다를 바 없으며, 동물이나 사람이나 다를 바 없음을 일깨우는 설화를 통한 가르치심이다.

# 9
·········

# 쥐들의 보은

옛날 어느 시골 마을의 한 부자는 쥐를 매우 사랑해서 집 안 사람들이 쥐를 잡지 못하도록 늘 당부했다.

쥐구멍 앞에 항상 곡식을 놓아두게 했고 먹을 만한 음식을 쥐 드나드는 곳에 놓아두게 했다.

뒤주나 광에 쥐가 들어 아랫사람들이 수선을 떨면 배불리 먹을 수 있도록 곡식을 주면 그러지 않을 거라고 타일렀다.

그의 집에는 쥐가 사람을 겁내지 않고 마당을 늘 돌아다녔다. 그래서 오는 손님들이 불편해하기도 했다.

그러던 어느 날 쥐들이 전부 마당에 나와 줄을 서서 일제히 춤을 추었다. 집 안에 있던 모든 사람들이 그 광경을 보기 위해 바깥마당으로 나와 둘러서는 순간 집의 대들보가 부러지고 지붕이 폭삭 내려앉는 것이 아닌가? 주인을 비롯한 많은 사람들이 하마터면 죽음을 면치 못할 뻔했다. 쥐들은 그것을 미리 알고 저들에게 덕을 베푸는 주인을 살리기 위해 보은을 한 것이었다.

쥐는 매우 영리한 동물이라 천재지변을 예측하고 대비한다. 홍수나 지진이 날 조짐이 있으면 미리 안전한 곳으로 대피한다. 저들을 잘 관찰하면 재난을 면할 수 있다.

조선 시대의 한 기록에서는 쥐들이 일렬로 줄지어 강에 빠져 자살하는 것이 묘사되어 있기도 하다. 스스로 개체 수를 조절해서 서로 간의 과도한 경쟁을 피하는 지혜로운 동물이다. 저들이 만약 한 달에 두 번 정도 새끼를 낳을 수 있고, 한 번에 다섯 마리에서 열 마리 정도 새끼를 낳을 수 있는 번식력을 그대로 발휘했더라면 지구는 이미 쥐로 덮이고 말았을 것이다.

쥐는 우리의 양식을 축내고 병을 퍼트리는 해로운 존재로 여기고 있다. 천구백육칠십 년경에는 쥐잡이를 국가사업으로 예산을 세우고 '전국 일제 박멸'을 시행하기도 했다.

종류의 차이가 있긴 하지만 쥐는 인간과 세포구조가 같아서 항상 실험용으로 쓰인다. 그래서 지금도 세계의 많은 실험실에서 쥐들이 인간을 위해 죽어가고 있다.

가난하던 시절 신체 허약한 손자의 보양을 위해 할머니들은 여지없이 쥐를 잡으셨다. 지금도 남미 쪽 사람들은 종류가 다르긴 하지만 쥐를 길러 닭처럼 영양 보충용으로 쓴다.

이 땅에 존재하는 모든 동식물은 수십억 년을 함께 살아오며 서로 끊을 수 없는 연결 구조를 형성해온 공존의 존재들이다. 어느 한 계층이 무너지면 다른 계층도 함께 무너지는 연쇄 반응이 일어난다.

이를 뒤늦게 깨달은 인간들이 인간 때문에 없어진 여우를 방사한다, 뜸부기를 길러낸다, 야단법석을 떨고 있다.

우리가 지금은 박멸 대상으로만 여기는 쥐가 언젠가 보호종으로 선정되어 귀하게 여겨질 날이 올지 모른다.

인연은 씨앗과 같다

은혜 갚는 이야기 말고도 천재를 예측하는 지혜로움과 스스로 개체를 조절하는 인간이 하지 못하는 월등 영특함을 그들로부터 배우는 건 어떨까?

　일찍이 부처님은 설파하셨다.

"이 세상 어느 것도 소중하지 않은 것은 없다. 모두가 불성을 지닌 보석들이다. 사람과 다름없이 보살피고 보호해야 할 것이다."

# 10
·········

# 어떤 스님

십여 년 전 기림사 새 주지가 오면서 여러 스님들이 같이 오셨는데 그때 그 스님도 함께 오셨다. 그로부터 두어 해가 지나고 다른 스님들은 다 떠나시고 그 스님만 남으셨다.

그 스님은 하루도 산행을 거르지 않으시어 함월산에서 거의 매일을 마주쳤던 매우 부지런하고 인상 좋으신, 언제나 웃는 얼굴로 인사 먼저 하시는 분이었다.

바닷바람이 당뇨에 좋다 하여 신도가 마련해 준 낡은 차로 자주 감포를 다녀오시곤 하더니 어느 날 잠시의 방만 운전으로 심한 사고를 당해 허리를 심하게 다치셨다.

몸을 도무지 움직일 수 없게 되어 반신불수로 누워 변소 길도 음식 수발도 사중의 처사 한 분의 간병 받으며 내내 지내시더니 사중에 더는 폐를 끼칠 수 없다며 언양의 비구니 스님이 운영하는 불교 요양원으로 자리를 옮기셨다.

뒷날 들은 얘기로는 당뇨가 매우 심해서 고생 많이 하셨다고 한다. 게다가 지난날 척추 결핵을 심하게 앓아 척추가 많이 상해서 억지로 심을 넣어 지탱해왔는데, 그 척추를 다치게 되어 재생이 불가능해졌다고 했다.

친족과 인연 끊고 산 지 오래고 문중과도 오가는 정 나눈 지 오래라서 돌봐줄 아무도 없다고 했다.

출가한 지 오랜 스님들에게 가장 두려운 것은 병들어 눕게 될 때다. 친척도 형제도 이미 남이나 다름없이 정 끊어졌으니 새삼 도움 청할 수도 없다.

다정다감한 사형사제 혹은 스승 상좌라도 있는 경우는 다소 의지가 되지만 대부분은 그렇지 못하다. 어떻게든 혼자 살아남아야 한다.

살다가 뜻밖의 사고 만나지 않기를 누구나 바라지만 아무도 장담할 수 없는 것이 인생이다.

조석으로 예불 드리며 삼재팔난 만나지 않게 되기를 매일 기도하지만 업보가 기도보다 무거우면 어찌 피하겠는가?

다만 자동차 운전도, 일상의 움직임도 조심하고 또 조심하며 기도가 업보보다 무겁도록 정성을 다할 수밖에 다른 방법이 없다.

어려운 이에게 온정을 베풀고 가난한 이에게 따뜻하게 나누어 언제나 찾아 쓸 수 있는 무겁지 않은 복을 자꾸 지어서 박복한 일 생기지 않도록 대처해야 한다.

가슴 시리도록 외로움에 시달리고 있을 스님에게 오르내리는 길에 문병이라도 가야겠다. 밝고 부드럽던 얼굴 눈에 어른거려 걸음 서성이게 하는데 어찌 잊어 지내겠는가?

# 눈

사흘을 계속된 눈이 출행이 불가능하도록 무릎까지 쌓여 거의 매일 다니던 목욕탕도 못 가고 긴요한 볼일도 못 보고 며칠을 갇혀 지낸 적이 있었다.

십수 년 전 설담원에 몸 적시던 그해 겨울도 무릎을 넘는 눈이 내려 물조차 얼어서 식수도 화장실도 다닐 수 없는 어려운 상황으로 며칠을 지낸 적이 있었다.

눈 녹여 화장실 사용하고 식수로 쓰면서 적지 않은 날을 고생했는데 그 일이 삼 년이 지난 해에도 재연되었다.

겨울만 되면 얼어 불편했던 수도는 지하수 파서 해결했지만 매일 다니던 산행도 목욕도 요긴한 나들이도 할 수 없어 많이 불편했었다.

그래도 마음까지 답답하거나 우울하지 않음은 나잇살 먹은 덕분인지 그간 쌓은 먹물 옷 생활 덕분인지 모르겠다.

차라리 핑계로 가만히 들앉아 있으니 고요하고 편안하고 여유롭기도 했다. 이런저런 일에 끄달려 오롯이 나를 마주하지 못했던 시간을 많이 가질 수 있어 좋기도 했다.

수년 전에 흠뻑 내려서 지붕을 휘어지게 했던 눈이 이후로는 내내 내리지 않아 먼지 풀풀 나는 길을 나들게 하더니 그간의 가뭄을 보상이라도 하듯 줄기차게 내렸었다.

인간이 가장 두려워하는 것이 천재지변이기에 예불 시간마다 "비는 고르게 내리고 바람은 부드럽게 불어서 백성이 고통 겪지 않게 되기를" 빌지만 바람은 업을 감당하지 못해서 매양 기대처럼 이어지지 못한다.

동경에선 폭설로 17명의 인명 피해가 일어났고 강원도에선 1미터 이상의 적설에 눈사태까지 발생하고 이웃 학교에선 체육관 천장이 무너지고 농가에선 비닐하우스와 축사가 허물어지는 재난을 입었다고 한다.

인연은 씨앗과 같다

여름뿐인 나라에서 눈사태가 발생하지 않나? 겨울 두터운 나라에 홍수가 일어나지 않나? 기상 이변이 곳곳에서 일어나고 있다.

근래에 잦은 기상 이변이 일어나 예불 시간의 기도처럼 "바람이 부드럽고 비나 눈이 고르게" 내리지 않는 것은 인간의 이기적 욕구가 끊임없이 공해물질을 분출한 지구의 오염 때문이라 한다.

대기의 심각한 오염이 지구의 공기 자연 대류를 파괴하여 온실 현상을 만들어 순탄하지 못한 자연계를 만들게 되었음이다.

그로 인해 때아닌 곳에서 때아닌 물난리 폭풍우 폭설들을 겪게 됨이다. 스스로 지어 스스로 받는 자업자득의 연기 현상이니 누구를 원망할 수도 누구를 탓할 수도 없다.

오직 절제하지 못한 낭비적 생활의 내 허물임을 자각하며 물 한 방울, 나무 한 그루, 종이 한 장이라도 아껴야 한다.

비로자나 거룩하신 법신께서 아심일까 작은 참회의 글을 쓰는 지금 그리 질기게 내리던 눈발 그치고 방 안 가득 햇살이 밀려든다.

"업보는 오직 뉘우침으로만 녹여질 수 있다." 하심을 보여주심이던가? 햇살이 이리도 반갑기는 처음이다. 고친 지붕 다시 내려앉지 않을까? 노심초사하던 걱정 일순에 놓게 한다.

# 12
·········

# 젓가락의 방황

사오십 년 전엔 달랑 한두 명 사는 독살이라면 몰라도 많은 스님들이 사는 대부분의 대중처소에선 발우공양을 했다. 내 어린 시절의 대중처소는 수십 명 대중이 큰 방에서 아침 점심 저녁을 다 발우공양을 했다.

부처님 정면을 어간이라 하는데 어간을 양쪽으로 아랫목은 청산 자리, 윗목은 백운 자리로 나뉜다. 청산엔 오래도록 그 절에 머무시며 소임을 사시는 분들이 앉고 백운에는 공부하거나 쉬이 오가는 스님들이 앉는다.

어간 쪽에 큰 스님들이 앉으시고 차례로 법납이나 소임에 따라 둘러앉는데 탁자 아래는 늘 어린 우리들 자리였다.

가장 어린 스님들은 늘 높으신 어른 스님들 정면에 앉게 되어 항상 주목을 받아 잘잘못을 지적당해 자주 꾸중을 들어야만 했다.

어린 스님들은 천수물 돌리고 진지하고 국 드리는 일을 끝내고 늦게 공양을 시작하게 되는데 그래도 어른들보다 공양 빨리 끝내고 찬상 내고 천수물 걷고 숭늉 돌리기를 해야 한다.

젊은 날의 위는 튼튼해서 소화가 잘되긴 했지만 그래도 그리 짧은 시간에 공양 끝내기는 여간 바쁘지 않다. 더구나 어른들은 공양의 양이 적으시고 또 오랫동안 발우공양에 길들어져서 빨리 잡수신다.

그 바쁜 중에도 큰 발우에 가득히 밥 받아먹는 또래 스님이 있어서 주목받곤 했었다. 지금은 서울의 어느 큰 절 주지 스님이신데 이제는 그렇게 많이 드시지 않는다 한다.

달마께서 이르시길, 「음식을 절제하지 못하면 마음에서 일어나는 갖가지 생각을 절제하지 못하나니 먼저 마음을 다스려 몸을 다스려야 할 것이다」하셨다.

공양게에는 「이 음식이 어디서 왔는가? 내 덕행으로는 받기가 부끄럽네. 몸을 보전하기 위한 약으로

깨달음을 이루기 위한 영양소로 먹으리」하는 대목도
있다.

삶에 음식이 차지하는 비중이 적지 않음은 사실이
다. 음식 섭취에 따라 몸의 건강과 쇠약이 나뉘게 되
고 그에 따라 삶 자체가 좌우될 수도 있다.

그러나 오늘날의 우리 삶은 너무 음식 맛에 포로가
된 생활을 하고 있는 건 아닌가? 음식에 바치는 시간
과 돈이 너무 많은 건 아닌가? 하는 생각을 하게 된
다.

오늘도 풍성하게 차려진 음식상을 앞에 놓고 맛의
유무를 따지며 젓가락 가야 할 곳을 정하지 못해 방
황하는 우리 일상을 보며 옛 생각이 나고 옛 스님들
께 부끄러움이 일어 몇 자 적어본다.

# 신 발

어떤 노 처사님 돌아가시는 날 평탄한 저승길 되기를 빌어 시타림 드린 인연으로 얻게 된 사십 년도 넘었을 신발을 나는 아직도 신고 다닌다.

어디서 누가 만든 것인지 알지 못했고 얼마나 이름난 것인지 알지 못했다. 그저 있는 거라서 달리 구할 필요도 없기에 그냥 신고 다녔다.

요즈음도 매일 함월산을 그 신발로 오르내리며 질긴 인연을 고마워하며 누군가 잘 만든 신발이라는 생각을 늘 하곤 했다.

사십 년을 훌쩍 넘겼을 오랜 세월이 흘렀음에도 겉에 다소 흠이 생겼고 끈이 끊어졌을 뿐 아직 밑창은 멀쩡해서 몇 년은 충분히 더 신을 수 있다.

가난한 시절을 경험하며 어려운 시기를 넘어온 우리는 어지간해선 물건을 버리지 않는다. 더러는 불필요한 것들 수북이 쌓여 방이 어지럽다는 생각이 들기도 하지만 그래도 아끼는 버릇은 좀처럼 버릴 수가 없다.

세계에서 제일 가난한 나라에 들던 시절이 불과 육칠십 년 전이다. 검은 운동화 하나 얻으면 아끼고 아끼며 신었지만 부실하게 만들어져 얼마 못 가 바닥이 닳아지고 천이 찢어지곤 했다. 어머니께 투정하면 검은 실로 양말 깁듯 기워서 다시 신으라 하셨다.

어머님 아픈 가슴으로 검은 실로 기워주신 그 신발 다시 신고 학교 가는 것을 그때는 지극히 당연하게 생각했다. 지금 같으면 어림도 없을 일이 그때는 일상이었다.

엊그제 누군가가 늦은 생일 선물이라며 산에 다니는 다른 신발 하나 더 사다 놓고 갔는데 아직도 버리고 싶은 생각 조금도 없는 오랜 친구 같은 신발을 대하며 약간의 고민을 하기도 했다.

누구에게 무엇을 선물할 때 오래 간직할 수 있는 것을 선택하는 것이 좋겠다는 생각을 신발을 신을 때마다 하게 된다.

신발 끈을 조일 때마다, 벗어 신발장에 가지런히 놓을 때마다, 부처님 공부 열심히 하시며 그 신심 깊고 정성으로 사시던 처사님 얼굴을 떠올리게 되니 말이다.

다니는 걸음 하나에도 정성 다하길 서산스님은 당부하셨다. 「오늘의 내 걸음이 반드시 뒷사람들 이정표가 됨을 잊어선 안 된다」는 말씀이다.

우리가 아끼고 아껴서 만들어 낸 선진국 대열의 국가다. 우리가 고된 일 마다하지 않고 새벽잠 설치며 알뜰하게 노력해서 이룩한 풍요로운 국가다.

어찌 후손들에게 이 풍요로운 삶을 물려주지 않겠는가? 이 여유롭고 넉넉한 삶이 우리 후손들에게 물려지게 하기 위해선 함부로 낭비하고 헛되게 소비해선 안 된다.

자원은 한정되어 있고 국토는 비좁기 이를 데 없다. 물 한 방울도 아끼지 않으면 미래에 고갈을 맞이하게 될 것이며 땅 한 평도 알뜰히 아끼지 않으면 머지않아 좁아빠진 터에 내몰리게 될 것이다.

오늘도 나는 신심 깊으시던 그 처사님 떠올리며 그

신발 챙겨 신고 매일 오르는 함월산을 향해 길을 나
선다. 그 신발 오래오래 더 신을 수 있기를 기원하면
서…….

# 14
·········

# 어떤 스님 2

그 스님 아픈 몸으로 떠나시고 대중 모두가 우울한 기분으로 한동안 길 끝에서 눈을 떼지 못했다.

불편한 이들을 위한 편의 시설이 갖추어지지 못한 곳이라서 부득이 전문 시설로 가시게 했지만 여간 가슴 아픈 게 아니었다.

나도 언젠가 거동이 불편해져서 남에게 의지해야 할 처지가 되면 주위 여러 사람 힘들게 하지 말고 전문 시설로 가야겠다는 생각은 하고 있었다.

그러나 막상 곁에 계시던 분이 가시게 되자, 가시게 하는 것이 죄짓는 것 같고, 끝까지 보살펴 드리지 못한 것이 미안하기 짝이 없었다.

넉넉지 않은 형편이긴 하지만 작은 액수라도 손에

쥐어드리며 간병에 보탬이나 드려야겠다 생각하며 찾아뵐 기회 만들고 있었는데 어느 날 돌연 그 스님이 돌아와 지팡이 짚고 전날같이 점심 공양 뒤의 산행을 나서시는 게 아닌가?

밝으신 그 얼굴 그대로였다. 인사성 좋으신 부드럽고 예절 바른 그대로였다. 얼마나 반갑고 고마운지 나도 모르게 소리 지르며 다가가 인사했다. 그간 열심히 치료하셔서 이젠 스스로 다닐 수 있을 정도의 몸을 만드신 것이다.

출가 비출가를 막론하고 요즈음 사람들은 거의 모두가 가족에게 병든 몸 의탁할 수 없는 시대가 되었으니 유독 스님들만 병든 몸이 외롭고 가엾은 건 아니다.

병든 노부모 시설에 맡겨 놓고 외국으로 떠나 몇 년이 지나도 한번 찾아보지 않으며 돈이나 보내는 것이 요즈음의 대부분 자식 노릇이다.

가족 없는 스님들과 무엇이 다르겠는가? 다만 언젠가 오겠지 하는 희망을 가지는 것 외에 다른 아무것도 나을 게 없을 것이다.

스님들도 늙어 홀로서기 어려워 비틀거릴 때 손이

라도 잡아주기를 상좌에게 기대한다. 절집에서도 상좌에 거는 기대가 마을 사람들 자식에 거는 기대와 다르지 않다.

그러나 세상이 변해 자식이 부모 노후를 책임지지 않는 시대에 들어섰는데 절이라고 다를 수 있으랴?

오직 스스로 노후를 준비해서 스스로 책임지도록 해야 할 뿐이다.

매일 거름 없이 산을 오르내리고, 하루 빠짐없이 전신 스트레칭하며 몸을 돌보는 것은 목숨 마치는 날까지 불편한 몸 되지 않기 위해서며 오랜 날을 병고에 시달리지 않기 위해서다.

출가 전 가족은 이미 거처조차 알지 못하고 인연 걸어 정을 다져온 상좌 한 명 없는 처지라 그 스님 더욱 안타깝게 여겼는데 오늘 건강해진 몸으로 다시 뵈니 더없이 반갑다.

이제 허름한 차 몰고 허름한 길 드나드는 허름한 솜씨 부리지 마시고 다부지게 건강 챙기셔서 밝고 맑으신 그 얼굴 매일 포행길에서 만날 수 있게 되기를 간절히 바란다.

# 15

·········

# 자동차

우리나라 자동차 대수가 천만 대를 훌쩍 넘어섰으며 인구 다섯 명당 한 대꼴이라고 한다. 이젠 차 없는 집이 없고 두 대 세 대 있는 집도 많다고 한다.

십 리 넘는 신작로를 걸어 학교 다니던 시절, 먼지 자욱하게 일으키며 지축 울려 달리는 자동차 뒤를 하염없이 따라 뛰어 신기해했던 기억이 아직 선명하다.

그로부터 불과 수십 년 만에 도로는 어느 시골도 포장 안 된 곳 없고 차는 소리조차 들리지 않을 정도로 세련미를 갖추었다.

누가 생각이나 했으랴? 우리가 걸어서 걸어서 봇짐 짊어지고 장에 다니던, 고개 넘어 냇물 건너의 머나먼 길을 내 차로 달리게 될 줄을...

우리가 자동차 생산국 대열에 들어 세계 시장을 공략하여 나라마다 우리 차가 달리게 할 줄을 누가 짐작이나 했겠는가?

힘들이지 않고 무언가를 타고 먼 길 가고 싶은 인간의 욕망은 가마로부터 마차, 인력거, 자전거 썰매 등을 거치며 결국은 자동차를 만들었고 내지는 비행기까지 만들었다.

1770년 프랑스군의 공병 대위였던 'N.J.퀴뇨'가 포차(砲車)를 끌게 할 목적으로 만들었던 증기자동차가 기계의 힘으로 온전히 움직이는 첫 자동차였단다.

돌아가신 정주영 전 현대 명예회장이 한국 자동차의 첫 생산자였음은 자동차에 관심 있는 이라면 모르는 이가 없을 것이다.

우리도 자동차 생산국이 되어야 한다는 일념으로 미군이 쓰다 버린 고물 자동차를 뜯어서 고철 조각이어 붙여 처음 자동차를 생산했다는 일화는 유명하다.

나이 한참 들도록 자동차 몰지 않고 조신한 수행자인 척 버티고 있는 내게 억지로 운전대를 잡게 한 이는 원정스님이다.

사방 바쁘게 다녀야 하는 일선의 주지가 어느 세월 버스 타고 다니느냐고, 시간을 효율적으로 쓰지 않으면 그도 직무 태만이라며 막무가내로 끌고 갔다.

그럴싸한 말에 이끌려 운전대를 잡고 보니 효과적으로 시간 활용은 할 수 있게 되었지만 안 해도 될 일에 휩쓸리는 어려움도 적진 않았다. 결국 차로 인해 삶이 더 바빠진 셈이다.

두고두고 느끼는 바지만 포교 일선에 있지 않은, 자기 수행에 전념하는 스님들은 절대 차가 없는 게 좋겠다는 생각이다.

지금 내가 운전할 줄 모른다면 억지로라도 나들이에 빼앗기는 많은 시간을 줄일 수 있을 것이다. 그 시간을 좀 더 진지하게 나를 위해 쓸 수 있었을 것이다.

차는 현대 사회의 절대 이기(利器)이긴 하지만 인간을 터무니없이 바쁘게 만들고 허영에 들뜨게 하며 흉흉한 사고를 일으켜 인간을 고통으로 몰아넣는 절대 흉기이기도 하다.

더구나 우리를 가장 불안하게 하는 지구의 온난화 주범이 자동차임을 생각하면 자동차는 세상에 태어나지 않았어야 할 존재라는 생각이 들기도 한다.

물론 상당한 불편이 있긴 하겠지만 애초에 없으면 불편하다는 생각조차 일으키지 않았을 것이다.

그래서 자동차는 세상에 필요악이며 인간에게 이기이자 흉기이다. 기름 한 방울 나지 않는 나라에서 자동차로 해서 소비하는 기름은 또 얼마나 많은가?

날로 험해지는 기후를 생각하면 당장이라도 차를 버리고 싶지만 어쩌랴, 바로 행보에 지장이 있을 것을... 나들이 줄이고 소비 최소화하는 수밖에 달리 방법이 없다.

인연을 씨앗과 걷다

# 16

## 대덕화 보살

그다지 신심 깊으신 분은 아니었는데 어느 해부턴
가 신심을 내시더니 아예 대광사에서 계시며 살림을
맡아 하시기 시작했다.

아들 딸 며느리 모두 잘 살고 손자들도 남부럽지 않
은 유복한 가정을 가지셨으며. 남편은 사별하신 단출
한 몸이라서 절 살림 맡으시기에 알맞기도 하셨다.
성격이 매우 적극적인 분이라서 가능하기도 했었다.

그분의 강한 결기는 아무도 따를 수 없었다. 매일을
버스로 시내에서 대광사를 오르내리며 칠십을 훌쩍
넘긴 연세에도 아무 거침없이 공양물 반찬거리 등을
사다 나르며 그때의 그 많은 불사의 원주 일을 차질
없이 해내셨다.

하루에도 몇 차례씩 법당을 오르내리며 공양물 차리기를 오직 혼자 감당하셨고 누구의 도움도 구하지 않았다.

강단이 강하기로 유명한 분이라서 남이 따를 수 없는 일화를 여러 차례 남기기도 하셨다. 담배를 하루 한 갑 이상 피우시는 골초였지만 어느 해 정초기도 시작하며 단번에 끊고 다시는 피우지 않았다.

이백을 오르내리는 고혈압이라서 약을 다른 사람보다 많은 양을 잡수셨지만 그도 그해의 기도와 함께 끊으며 다시는 약을 먹지 않았다. 그럼에도 혈압은 정상이었고 다시는 혈압으로 인한 불편을 겪지 않으셨다.

강한 결기와 굳은 신념과 확고한 믿음이 과학을 뛰어넘는 가피의 기적을 만들어내신 신앙의 살아있는 증인이셨다.

어느 날 법당에서 과일을 차리다가 앉은 채로 고개를 푹 떨구고 돌아가시는 어느 수행 깊은 스님도 이루기 어려운 좌탈입망을 이루신 분이기에 그분 깊은 신심의 기적을 나는 믿지 않을 수가 없다.

"스님 가시는 길은 지옥에라도 가겠다." 시며 "가시

는 길의 돌부리 하나하나도 뽑아주고 싶다."고 하실
정도로 유난히 날 아끼고 사랑해 주시어 더러는 미안
하기도 했던 그래서 사랑이 오히려 부담되기도 했던
분이다.

나도 이제는 그분 가시던 칠십 줄 고개를 넘어가는
그분 같은 하얀 머리를 휘날리는 처지가 되었다.

생각하면 알뜰하신 보살핌 주신 많은 분들 정을 다
갚지도 못하고 떠나게 되지나 않을지 늘 노심초사다.

글 한 자라도 힘을 다해 쓰리라. 책 한 권이라도 기
운 쏟아 보리라. 말씀 한 마디라도 정성 다해 전하리
라. 다만 그로라도 입은 은혜 갚으리라.

오늘도 다짐하고 다짐하며 내 앞에 오는 일에 혼신
을 다해 노력한다.

# 서장암

조계종 원로이신 동춘스님 청초하게 머물다가 떠나신 허름한 양철 암자(서장암)에 몇 년 전 눈썹 진하신 해인사의 이순(耳順) 넘은 스님 한 분 오셔서 낡아진 벽을 수리하고 멈춘 보일러를 고치셨다.

일 년 넘게 잡초 거두는 이 없이 방치했던 마당을 처사 두엇이 제초기 돌려 다듬고 비어진 통에 기름 가득 채우더니 다음 날 벽지 바르는 막바지 손질을 했다.

앞뒤 마당에 지천으로 자라서 방문하는 신녀들마다 아름드리로 뜯어가던 쑥대를 가차 없이 잘라 팽개치는 매몰찬 제초기 회전에 진저리가 쳐진다.

떠나신 지 일 년이 넘어 다니시던 길에 신발 자국

하나 남지 않았지만 작은 체구 고요히 움직여 소리 없이 머무시던 자취는 아직도 강한 기억이 되어 남아 있었다.

북으로 앉은 집이라서 뜨는 해는 이르게 만나지만 지는 해는 아예 볼 수도 없는, 두세 시에 지고 마는 짧은 해를 어찌 감당하셨을꼬?

새로 오신 스님도 그분같이 맑고 담백하신 성품을 가지신 분이시면 좋겠다고 생각했다. 명예에 대해서도 재물에 대해서도 아무 욕심 없으시던 그분같이 말이다.

봄이면 오동나무 보라색 연한 꽃잎이 진한 향을 빚어 벌을 불러들이고, 가을이면 감나무 노란 열매가 풍광을 아름답게 꾸미는 처음 머물던 스님의 고아하신 자취에 아주 알맞은 작은 암자였다.

가을엔 알밤 붉게 떨구어 누이 허리 연신 굽히게 하여 새벽을 곤하게 하더니 이젠 주인 새로 오셨으니 누이의 새벽이 바쁘지 않게 되겠다고 생각했다.

수십 년 전 없어져서 긴 세월 터만 남아 잡초에 묻혀 말로만 전해지던 서장암은 당시 기림사 큰절 주지였던 종광스님의 암자 복원 원력에 의해 다른 여섯 암자와 더불어 복원되었다. 물론 그 때 암자를 지으신 주인은 동춘스님이시다.

설담원에서 불과 100m 정도 거리에 있는지라 소리 지르면 들릴 가까운 곳이다. 누가 주인이 되느냐에 관심 가지 않을 수 없다.

「이웃은 사촌보다 가깝다」는 속담이 있듯이 이웃은 정답게 지내면 친족 이상의 의지가 되지만 성글어지면 불편하기 짝이 없는 존재이기도 하다.

자기 삶에 충실하기 위해 애쓰는 수행자들이니 서로에게 부담되는 일은 없겠지만 혹여 성격 까다로우신 분이 아니기를 기대한다.

아니다, 그분께서 너그럽길 기대할 것이 아니라 내가 그분 마음 맞추며 너그럽게 살기를 다짐해야겠다 생각했다.

이른 아침 부지런히 행장 차려 포행 나서는 모습 몇 차례 마주친 느낌이 산과 더불어 괴리하지 않을 듯하기도 하다는 생각을 하기도 했다.

겨울은 바람 막아주는 고마움이 있지만 여름은 창문 작은 집에서 어떻게 견딜는지 걱정이 되기도 했다. 워낙 무문관같이 답답하게 지어진 집이라서 말이다.

# 18

..........

# 통치력

중국 춘추시대 장왕은 기원전 591년에 왕이 된 초나라 제 23대 왕이며 춘추시대의 가장 명예로운 임금으로 꼽히는 오패 중 한 사람이다.

그가 처음 왕이 되고 삼 년을 아무 일도 하지 않고 술만 마시며 여자들과 환락의 나날을 지냈다.

"누구든 간섭하는 자는 사형에 처할 것이다."

하는 엄명까지 내렸다.

삼 년을 지켜보던 신하 중 오거(伍擧)가 먼저 죽음을 무릅쓰고 간했다.

"삼 년을 날지도 울지도 않는 새가 있는데 그 새가 어떤 새인지 아십니까?"

(삼년불비 우불명 三年不飛 又不鳴 )

그의 간언은 아주 유명하다.

장왕이 대답했다.

"삼 년을 날지 않아도 한번 날면 하늘에 솟구칠 것이며 한번 울면 사람을 놀라게 할 것이다. 물러가라."

(차조불비즉이 일비천중 불명즉이 일명경인

此鳥不飛卽已 一飛天中 不鳴卽已 一鳴驚人)

이어 대부인 소종이 또 간하고 나섰다. 화가 머리끝까지 난 장왕이 호령했다.

"간섭하거나 간하는 자는 사형에 처한다는 말을 못 들었는가?"

"이 몸이 죽어 임금이 현명해지고 나라가 편안해진다면 그보다 더한 영광이 어디 있겠습니까?"

장왕은 바로 자리에서 일어나 음악을 중지시키고 춤을 그치게 하고 그간에 밀린 업무를 보기 시작했다.

임금이 정사에 소홀한 틈을 타 부정을 저지르고 부패에 빠진 관료들을 찾아내 엄벌에 처하고 청렴하고 성실한 관료들을 포상 승진시키고 목숨 걸고 간한 신하들에게 중책을 맡겼다.

그가 삼 년이나 방탕한 생활을 했던 것은 참으로 목

인연은 씨앗과 열무

숨 걸고 충언하고 사심 없이 나라 위해 일할 수 있는 청렴 충직한 신하를 찾기 위해서였다.

그는 중원에서 늘 오랑캐로 치부되는 초나라의 왕이었지만 당시 최고의 임금 격인 춘추오패(春秋五霸)에 오를 정도의 현명한 임금이었다.

삼 년이나 기다리며 마음에도 없는 방탕한 생활을 했던 그의 질긴 기다림도 현명하지만 현명한 군주를 위해 목숨을 아끼지 않는 충신도 현명하긴 마찬가지다.

현명한 군주가 현명한 신하를 찾아내게 되고 현명한 신하가 현명한 군주를 모시게 되는 것이니 둘은 서로가 서로를 만들고 서로를 찾아내는 사이라 할 수 있을 것이다.

우리는 지금 나라일 맡길 적임자를 찾기 위해 너무도 오랜 나날을 허비하고 있다. 일껏 찾아낸 사람은 허다한 약점이 있거나 정직하지 못한 사람이기 일쑤다.

침몰한 지 팔십 일이 지나도록 아이들 시신을 거머쥔 세월호는 아직도 물속에 잠겨 있고. 책임을 물어야 할 중범죄자 유병헌은 조롱하듯 유유자적 숨어다니고 있다. 서민에겐 그리도 서릿발 날카로운 검찰 경찰이 아니던가?

4대 강은 썩어가고 있는데 수십조 국고 낭비는 책임추궁조차 하지 않고 있다. 군인이 총질을 해 동료들을 죽여도 시원한 수습책을 내놓지 못하고 있다. 잘못을 저질러도 책임질 사람이 없고 사고가 나도 제대로 수습되고 있는 것이 없다.

정쟁은 그칠 날이 없고 타협이나 협상은 도무지 이루어질 기색이 없으니 소위 민주주의 꽃이라는 대화와 타협과 협상은 언제쯤 이루어질지 아득하기만 하다.

이 시대의 참으로 현명한 지도자는 언제쯤 출현할 것이며 참으로 현명한 국무위원은 언제쯤 나타날 것인지 아득하기만 하다.

인연은 씨앗과 결다

# 왕의 말

회사원 아무개는 직속상관인 아무개 부장으로부터 전화로 부고를 받았다. 그 집 애완견이 죽어 장례식장에서 이틀 장을 치른다는 내용이었다.

처음엔 농담인가 했는데 진지한 말투로 연신 울먹이며 설명하는 게 농담이 아니었다. 황당하고 기가 막혔지만 결국 봉투에 부조금 오만 원을 넣어서 갈 수밖에 없었다.

그러나 그뿐이 아니었다. 부장은 초상집이 조용하면 안 된다며 다른 동료들도 더 불러 화투까지 치며 밤을 새게 했고 화장한 개를 납골당에 봉안하고 절까지 시켰다.

부처님께서 말씀하셨다.

"세상 모든 중생은 차별 없이 불성이 있어서 저마다 가장 값지고 귀하며 아름답다."

그렇다 이 세상 모든 생명은 저마다 세상 제일의 소중한 존재다. 당연히 모든 생명을 사랑으로 보살펴 주어 함부로 대하지 않아야 한다.

그럼에도 불구하고 모든 생명은 저마다의 생존 방식이 있고 생존의 길이 있다. 수만 년 수십만 년 진화하고 적응하며 제 존재에 맞는 생존법을 만들었다.

추위를 이기기 위해 털을 선택한 동물은 옷이 필요치 않다. 지방질 두텁게 섭취해 겨울을 대비하는 동물은 잠으로 추위를 이긴다.

개에게 비싼 외투를 사 입히고 방에 재우는 짓은 어리석은 짓이며 생존의 근본을 그르치는 바보 같은 짓이다.

어머니 아버지나 남편보다 개를 우선순위에 두는 의식은 인간 정신을 가진 이들의 짓거리가 아니다. 어머니 아버지에게 전화 한 통 하기 싫어하며 개 걱정에 하루가 가는 사람은 인간의 영혼을 가진 사람이라 할 수 없다.

중국 춘추 시대 초나라 장왕의 애지중지하던 말이

인연은 씨앗과 같다

죽었다. 왕은 모든 신하에게 상복 입기를 명령하고 정승의 예를 갖추어 장례 치를 것을 명했다.

신하들이 부당함을 들어 들고일어나자 크게 화를 내며

"더 이상 명을 거역하고 옳다 그르다 하는 자는 처형할 것이다."

다음 날 신하 우맹이 크게 소리 내어 울며 어전에 들어왔다. 왕이 어리둥절해 물었다.

"그대는 어찌 대성통곡하는가?"

"폐하께서 그토록 사랑하시던 말이 죽었는데 이렇게 허술하게 장례를 치르셔서는 안 됩니다."

"어떻게 하면 되겠소?"

"각국 사신을 불러 조상하게 하고 보석이 박힌 관을 만들고 전 국민을 동원해 무덤 만드는 일에 봉사하게 해야 하며 말 제사를 위해 일만 호의 땅을 마련해야 합니다."

가만히 듣고 있던 왕이 한숨을 쉬며 말했다.

"내가 그렇게나 잘못을 저질렀단 말이오?"

그길로 말 장례에 따른 명령을 취소하고 여느 말처럼 죽은 고기를 사람들에게 나누어주어 먹게 했다.

누구나 잠시 제 기분에 빠져 잘못을 저지를 수는 있
다. 현명한 사람은 누군가가 지적할 때 잘못을 금방
깨닫고 과감히 고치지만 어리석은 사람은 수긍하지
도 고치지도 않는다.

대체 개와 사람의 구분이 없는 세상을 우리가 살고
있는 듯하다. 개보다 못한 부모를 만들고 개보다 못
한 이웃을 만드는 비인간적 행위가 횡행하는 이 세상
이 언제쯤 제정신으로 돌아올까?

인연은 씨앗과 같다

# 불상의 유래

인도에서 시작된 불교인지라 당연히 불상도 인도에서 시작되었다. 불상 형태를 들어 학계에선 대략 세 가지로 나눈다.

그리스 로마 영향을 받아 사실 묘사에 충실하며 서양인의 모습을 많이 닮은 인도 북쪽에서 시작된 불상을 간다라 불상이라 한다.

이와 전혀 다른 차원의 마트라 불상은 인도 중부의 마투라 지역에서 시작된 고유 인도인의 얼굴 형태와 인도 스타일로 만들어진 불상이다.

사실 묘사와 여성적 아름다움과 서양적 스타일로 만들어진 간다라 불상에 반감을 가진 사람들이 다소 추상적이며 인도인의 체형에 가까운 불상을 새로이 만들게 되는데 이 불상이 마투라 불상이다.

두 불상의 장단점을 잘 조화해서 어느 쪽에도 치우치지 않은 불상이 서기 4~5세기 굽타왕조에서 새로 만들어지는데 이를 굽타 불상이라 한다.

그러나 굽타 불상은 앞의 두 불상 장점을 모으긴 했지만 독특한 특징이 없어서 그다지 관심받지 못하는 편이다. 그래서 불상 하면 대체로 간다라, 마투라로 대변된다.

그러면 우리가 접하는 불상은 어떤 불상에 속하는가 하는 의문이 들게 될 것이다.

종교가 시대와 인종과 지역 특성에 따라 구성이 달라지듯 불상도 그래서 시대와 인종과 지역 특성에 따라 형태가 달라진다.

중국에선 중국인에 가깝고 한국에선 한국인을 닮고, 일본에선 일본 정서에 가까워진다. 우리 불상은 우리를 닮은 우리에게 제일의 불상이다.

저마다 자기들 불상이 최고라 하겠지만 우리나라 불상만큼 자비롭고 안정감 있고 평화로운 불상은 어느 나라에서도 보지 못했다.

특히 석굴암 불상은 어느 한 곳 빠짐없는 완전한 표

현이 이루진 최고의 불상이다. 부처님 서른두 가지 이상적 자태인 삼십이호상이 완벽하게 갖추어진 불상이다.

더러 뵐 기회 있어 백팔배 드려 무릎 꿇어 앉으면 회백색 자비로운 가슴에 내 영혼이 불려 들어가 거룩하신 씻김을 받아 새로 태어나는 신선함을 느낀다.

천진한 아이 웃음 담뿍 머금으신 서산 마애불상은 백제인의 꿈이 영원히 죽지 않고 살아 있음이다. 이른 아침 연꽃 향같이 해맑아 구김 없으신 삼화령 부처님 천진 미소는 신라인의 영원한 영혼이다.

비록 인도에서 시작되어 중국을 거쳐 우리에게 전해진 부처님 조성 역사지만 세계 어느 나라보다 훌륭한 우리의 불상을 조성할 수 있었던 것은 조상으로부터 물려받은 우리의 뛰어난 미적 감각과 깊은 신심과 평화를 사랑하는 심성 때문이었을 것이다.

불상이 만들어지기 시작한 것은 알렉산더의 인도 침공으로부터라 해도 틀리지 않다. 아직 귀의 대상을 상으로 조성해 예경하지 않던 인도인들에게 그리스 로마 등 서양인들의 신상이나 위인의 상을 만들어 섬기는 모습은 새로운 문화적 충격이었다.

인도의 불교인들은 인간의 손으로 거룩한 이를 만든다는 것이 불손하다고 여겼다. 아무 흔적을 남기지 않고 오고 가야 한다는 공(空) 사상이 강조된 불가에서 특히 상을 만드는 것이 옳지 않다고 생각했다.

부처님 떠나신 날이 길어질수록 의지처 없는 신앙은 점점 어려워졌다. 저들 예경 모습이 좋은 느낌으로 다가왔다. 그렇게 불상은 조성되기 시작했다.

전쟁은, 겪는 이들에겐 크나큰 고통이 되지만 인류 역사에는 다양한 문화를 교류하게 하고 문화를 발전시키는 자양분이 되기도 한다.

인연은 씨앗과 같다

# 21
·········

# 약 속

보름이 넘도록 고민에 고민을 거듭하던 문제 하나
를 대강 매듭지었다. 약속했던 사람에게 파기를 이해
시키는 일이 말할 수 없는 고통이었다.

약속은 꼭 지켜야 한다고 생각하며 지키지 못할 약
속은 애초에 하지 말아야 한다고 생각하는 내게 약속
의 파기는 정말이지 어려운 일이었다.

그러나 어쩌랴? 일은 이미 그렇게 흘러가고 있고
맺었던 약속은 파기하지 않으면 안 되게 되었는데...

어렵사리 어렵사리 당사자 불러 불가피성을 설명하
고 양해를 얻어 일을 마무리했다. 다시는 그런 일이
없기를 바라면서 말이다.

어찌 마음에 상처가 없겠는가? 오랜 시간을 마음

다져 그에 따른 준비를 차곡차곡 해두고 하루하루 기다리고 있었을 텐데 말이다.

천번 만번 미안한 생각을 얼굴에 그리며. 부지기수의 양해를 눈빛으로 구하며 말을 마치고 돌아서는 등줄기에는 땀이 흥건히 흘렀다.

우리 사회에서 약속 불이행은 거의 관행처럼 이루어지고 있다. 주로 정치인들의 불한당 같은 행태가 그렇고, 관가의 무책임한 근무 태도가 그렇다.

공약은 여지없이 허물어져 오히려 지키는 쪽이 이상할 정도가 되었고, 관가에선 부실공사를 해도 문책당하는 사람이 아무도 없다.

국가의 미래를 걸고 국민과 약속한 대통령의 약속조차 지키면 다행이고 안 지켜도 아무 책임이 없는 시대를 살고 있다.

내 아는 어떤 사람은 정해진 약속 시간에 한 번도 나타나 본 적이 없다. 그러면서 조금도 미안해하지 않는다.

그런 시대를 살고 있어서 나도 지금 그들과 닮아가고 있는 걸까?

정해진 시간보다 빨리 나가야 마음이 편하고, 맺은

인연은 씨앗과 같다

약속은 반드시 지켜야 불안하지 않은 인생을 살아왔
는데 이참에 본의 아니게 약속을 파기하게 된 것이
못내 안타깝다.

　세상이야 어떻든 내 삶은 내가 사는 것, 불가분 어
긴 약속이지만 오늘을 거울삼아 진중하고 세심하게
살펴 남은 나날은 철저 이행으로 살아야겠다.

　낡은 기억력 때문에 깜박 깜빡 잊어버리는 건망증
은 어째야 할지... 그렇다 한들 달리 방법이 없으니
애써 노력하여 살아야 할 뿐이다.

# 22
·········

# 다 례

며칠 전 우리 곁을 떠나신 지 스물여덟 해를 맞이하는 조실스님 추모 다례에 다녀왔다. 언제나 그렇듯이 많은 각처의 대중이 참석해서 성황리에 다례가 모셔졌다.

지난해에도 지지난해에도 그러했듯이 사람들은 어지간히 모여들어 마련한 자리가 많이 부족할 정도였다.

스님께서 열반에 드신 뒤 이미 스물여덟 해나 지나고 사람들 기억 속에서 스님의 그림자가 지워질 때도 되었는데 아직도 참석 대중은 별반 줄지 않고 있다.

사실 불교인들의 특이한 점이 바로 이런 점이기도 하다. 세미나, 강의, 토의 등 종단을 위해서 사회를 위해서 꼭 참석해야 할 곳은 철저히 외면하면서 무슨 제사나 초상에는 빠짐없이 참석하는 비효율적 사고 방식이다.

다례란? 차로 예를 갖추는 예절을 말한다. 부처님이나 신이나 조상에게 숭모의 예절을 차로 갖추는 절차를 이르는 말이다

맑은 차를 올려서, 귀한 차를 올려서 썩지 아니하고 더럽혀지지 아니한 가슴속 깊은 숭모를 극진한 예로 올리는 절차인 것이다.

오히려 상다리 부러지는 음식이 조상을 욕되게 하는 것이며, 화려한 차림새와 웅장한 절차가 외려 어른을 조롱하는 격이 될 것이다.

굳이 제사를 차례라 이름 지은 것은 후손들에게 검소하고 간소한 차림 즉 차 한잔의 간결함을 강조하기 위한 선조들의 노파심이 아닐까 생각된다.

차를 올려 그 맑고 향기로운 예절을 갖추는 본래의 뜻은 이미 흔적 없이 사라지고 형식에 치우치고 절차에 치우친 허세가 오히려 근본이 되어버린 전도된 시대에 우리가 살고 있다.

언제쯤 단출한 차 한잔 나누며 가신 분의 고우신 자

태 새로이 하며 남기신 담백하신 행적 되짚는, 간결
하고 정성 깊은 차례가 행해질 수 있을까?

23
·········

# 형제여!


투박하고 거친 목소리로 당장에라도 전화 걸어와 이런저런 삶의 푸념을 길게 늘어놓을 것 같은 착각에 아직도 자주 빠지곤 하는데 어느 사이 그가 떠난 지 수년이 지났다.

까맣게 그날을 잊은 채 간간이 떠오르는 기억을 더듬기만 하던 어느 날 아랫집 종법스님이 그의 제사에 다녀왔노라는 소리에 망연자실했다.

아직도 몇 달은 더 있어야 그날이 되리란 느긋한 마음으로 여유를 부리고 있었는데 아닌 밤중에 홍두깨를 맞은 기분이었다.

비록 한 지붕 아래 살지 않아도 잦은 전화질로 서로에게 필요한 이야기 나누는, 결코 멀리 떨어져 있다는 느낌 갖지 않는 사이였는데...

세상 어딘가 살아 있어서 어느 밤 불쑥 전화 걸어 종단 걱정, 문중 걱정 장황하게 늘어놓을 것 같은 느낌 아직도 선연한데 그를 데려간 무심한 세월은 이미 수년을 지나고 있다.

그러고 보니 연잎 무성하게 돋아서 바람에 꽃 향 진하게 날리울 때 남기고 간 책상 정리로 땀 흘리던 기억이 되살아난다.

그의 세 명 도제들 데리고 부도 조촐히 모시기 위해 좁은 도량 이리저리 살펴 다니던 기억도 떠오른다.

그의 아이들 제 길 가기에 몰두하여 서로 다정 나누지 못한다는 소리 듣고 만나는 날 다소 꾸짖어야겠다 생각했는데 오히려 제사조차 참석 못 했으니 무슨 말을 하랴?

며칠 전 조실스님 다례에서 만나 몇 마디 말로 타이르긴 했지만 도리어 내 얼굴이 부끄러워 서둘러 말을 마쳤다.

친구여, 형제여! 아직도 그대 내 곁에 거친 숨결 가져가지 않고 있어 내 밤을 뒤척이게 함을 아시는가?

친구여, 형제여! 그대 어지러이 쌓아둔 미처 치우지

못한 책상이 내게 어서 책상도 옷장도 서랍도 서둘러 정리해야겠다는 바쁜 생각을 만들어 주었음을 아시는가?

옛 어른들 이르시기를, 「남을 보아 내 삶을 다잡으라」 하시더니, 그대 떠나시는 자취는 내게 큰 경종이 되어 오늘을 살피게 하는구려!

그래서 나는 오늘도 버려야 할 그 무엇을 찾아 기억을 곤두세우고 남겨야 할 그 무엇을 찾아 마음을 집중한다네!

여래께서 이르시기를, 「모든 법은 인연 따라 생겨났으며 인연 따라 없어진다」하셨으니 그대 인연 따라 세상에 와서 인연 다해 세상을 떠났으니 할 일 다 마친 홀가분한 기분으로 이승의 인연 놓으시라.

친구여, 형제여! 오욕의 세상 인연 다 벗어나 무량수께서 세우신 적멸의 구품연지 향기로운 곳에 가시어 평안의 니르바나를 누리시라.

# 24
........

## 유리왕과 석가족

카필라는 비록 나라는 작았지만 석가모니를 비롯한 훌륭한 인품을 지닌 성자들이 많이 배출되고 예절 바르고 화목하게 지내는 나라였기에 이웃 나라로부터 부러움의 대상이 되었다. 그 옛날 공자가 우리나라를 「가서 살고 싶은 나라」라고 부러워했던 거와 같다.

카필라 이웃에는 파사익왕이 이끄는 "코살라"라는 강대국이 있었다. 젊은 파사익은 석가족 여인을 아내로 맞아 왕자를 얻고 싶었다.

자부심이 무척 강했던 석가족은 강대국의 왕이라 거절할 수 없긴 하지만 야만스런 파사익에게 왕녀를 보낼 수 없다고 생각하고 마하남의 하녀 "말리카"를 속여 시집보낸다.

90
—
인연은 씨앗과 같다

말리카에게서 태어난 왕자 "유리"는 전통에 따라 학습기를 외가에서 보내게 되었다. 어느 날 카필라 사람들은 설법하러 오시는 부처님 환영식장을 꾸미고 있었다. 어린 유리가 부처님 앉으실 사자좌에 앉아 즐거워하고 있었다. 이를 본 사람들은 깜짝 놀라 이구동성으로,

"감히 계집종의 자식이 부처님 앉으실 사자좌에 앉다니 당장 내려오너라."

비로소 자신이 석가족 노예의 몸에서 태어난 존재임을 알고 분노가 머리끝까지 치밀어 오른 유리는 그길로 학습을 그만두고 고국으로 돌아가며 맹세했다.

"내가 왕이 되는 날 반드시 카필라를 멸망시키고 석가족을 모두 죽이겠다."

유리가 왕이 되어 석가족을 멸망시키기 위해 출정하는 날 군사가 지나가는 길목 햇빛 아래에 부처님께서 앉으시어 흐르는 땀을 연신 훔치고 계셨다.

군사가 지나가는 길목에 성자가 있으면 행군을 멈추는 것이 당시 인도의 풍습이기도 하고 부처님을 각별히 존경하는 유리였기에 말에서 내려 부처님께 절하고 물었다.

"존귀하신 세존께서 어찌 그늘에 계시지 않고 뜨거운 햇볕 아래 계십니까?"

"그늘이 어찌 고향의 가족만 하겠소? 고향이 무너지고 가족이 멸망하는데 어찌 편히 앉아만 있겠는가?"

유리는 군사를 돌릴 수밖에 없었다. 그러나 한 번 일으킨 정복 야욕은 버릴 수 없었다. 다시 군사들은 동원되고 세존께서 다시 땡볕에 앉으시고 그러기를 세 번을 거듭했지만…

결국 꺾을 수 없는 야욕이며 돌이킬 수 없는 과보임을 느끼신 세존께서는 더는 길을 가로막지 않으셨다.

목련이 신통으로 오백 명 백성을 발우에 담아 피신시켰지만 나중에 보니 모두 물로 녹아 있었다는 설화가 있기도 하고, 당시 카필라의 왕이 되었던 마하남이 유리에게 간청하여 물속에 들어갔다 나올 동안이라도 살생을 멈춰달라 하고 물에 들어가서 다시는 나오지 않았다는 설도 있다.

이 유리왕과 석가족 이야기는 지은 업보는 누구도 피할 수 없음을 여실히 보여주는 교훈적 사례라 할 수 있다.

인연은 씨앗과 같다

석가족이 멸망하게 된 인연에 대한 목련의 물음에 대해 세존께선 다음같이 말씀하셨다.

"전생에 연못 속 물고기를 깡그리 잡아먹은 어느 촌민들의 인연이 뒤바뀌어 고기가 군사가 되고 촌민들은 백성이 되어 그 업보를 갚은 것이다."

우리가 세상 살아가기 위해서는 불가불 나무도 풀도 다른 생명체도 이용하지 않으면 안 된다. 그러나 절대 필요량 외에 함부로 낭비해선 안 된다.

석가님께서는 인연은 누구도 피해갈 수 없는 절대적 올가미라고 시종일관 설하셨다. 지금 저지른 업보는 뒷날 내 삶을 고통으로 몰아넣는 절대 함정임을 명심해야 한다.

# 미륵당의 설화

우리나라 어느 마을이나 입구에는 반드시 수호신장인 장승이 세워져 있고 어디쯤에는 틀림없이 미륵님이나 당목이 모셔져 있었다. 마을 사람들 소망이 이루어지기를 기도하는 대상이며 액운이 소멸되길 빌고 환난이 범접 못하게 마음을 모으는 곳이다.

전남 영암 학선 학계리 서북쪽에 매년 마을 사람들이 모여 당제를 지내는 누워 계신 미륵님을 모신 미륵당이 있다.

미륵당에는 당답이 있어 매년 일정량의 곡식 수확을 거두게 되며 이를 동민들이 잘 관리해서 뽑혀진 제주가 몸을 정갈히 해서 풍성하게 음식을 마련해 잔치를 겸한 당제를 지낸다.

조선 선조 때 마을에는 늦도록 아이를 얻지 못한 정씨 부부가 살고 있었다. 부부는 아이를 얻기 위해 온갖 정성을 기울였다. 명찰을 찾아 기도하고 좋다는 약은 다 먹어 빌었지만 별 효험을 보지 못했다.

그리 애태우며 보낸 세월이 이미 십여 년에 이르고 지극히 기울인 정성은 아직도 효과가 없어 그들도 이젠 지치고 있었다.

"우리는 아이가 없는 팔자인가 보오. 이제 그만 포기하도록 합시다."

부인의 애간장 타는 마음을 위로하기 위해 짐짓 만든 말이지만 대를 잇는 것이 자손의 큰 임무로 알고 있는 정씨의 진심을 모를 리 없는 부인은 더 미안하고 답답했다.

부부의 절절한 심정이 도리천에 닿았음이었다. 여인의 꿈에 미륵님이 나타나 이르셨다.

"마을 서북쪽 모 지점의 땅을 파 보거라. 그 아래에 내 석불상이 묻혀 있을 것이다. 그곳에 잘 모셔두고 정성 다해 기도하면 아들을 낳을 수 있을 것이다."

다음 날 단숨에 달려가 땅을 파보니 과연 누우신 석불님이 흙 속에 있었다. 파내어 깨끗이 닦아 모시고

전보다 더 정성 기울여 기도했더니 열 달 후 아들을 얻게 되었다,

지극한 정성으로 얻어진 아들이며 미륵님 가피로 얻어진 아들인지라 물론 튼튼히 자라고 가업도 날로 불어나서 인근의 제일가는 가문을 이루며 살았다.

그들도 어느덧 나이 들어 노년에 이르고 세상 하직할 차례를 맞이하게 되었다. 정씨는 마을 사람들이 모두 모이게 하고 말했다.

"미륵님 은덕으로 좋은 아들 얻고 가난하던 가세도 넉넉해지고 탈 없이 잘 살았으니 은혜에 보답하는 뜻으로 내 재산의 삼 분의 일을 미륵당에 기증합니다. 동민들이 잘 관리해서 매년 제를 모시고 잔치를 열어주시기 바랍니다."

재산을 삼등분해서 일부는 아들에게 주고 일부는 가난한 이들에게 주고 일부는 미륵당에 기증했다. 이후로 당제는 매년 어김없이 이어져서 오늘에 이른다고 한다.

아들 없는 이가 미륵께 기도하면 아들을 얻고, 몸 아픈 이가 미륵께 기도하면 병이 낫는다는 믿음이 오늘에까지 전해지고 있다.

# 2 부

## 인연은 다듬어 가는 것

# 구름같이 바람같이

흰 구름 온종일 산등을 쓸어도 흔적 하나 남기지 않고 가을바람 밤새워 마당을 지나도 잔재 하나 남기지 않는다.

없으면 없는 대로 그에 따라 간결히 살고, 있으면 있는 대로 나누며 사는 것이 운수인의 살림살이다.

가난과 풍요에 마음 빼앗기지 않고 형편을 오히려 내 가치관을 실현해 가는 도구로 적절히 쓰는 것이 출가인의 살림이라 할 것이다.

구름 흐르듯 바람 지나듯 집착 없고 불평 없이 형편에 유유자적 살아지기를 소망하기에 출가인을 운수납자(구름같이 사는 사람들)라 했다.

"푸른 숲 깊은 골짜기에 작은 토굴 지어놓고 소나무 문 반쯤 열어 돌길을 드나드니 길섶의 백 가지 꽃 곳곳에 피었는데 빛깔도 좋지만 풍경은 더욱 좋다. 그 중에 무슨 일이 세상에 제일 귀하던가? 마음속 진실한 향. 부처님 앞에 사루고 고요히 허리 세워 인생사 굽어보니 종전에 모르던 일 오늘에야 알았구나."

젊은 날 애창하여 아침 도량석에 매일 부르던 고려 나옹선사의 「토굴가」다. 비워져 청빈해진 마음이 세상 보는 눈을 뜨게 한다는 뜻이다.

가난을 오히려 소중히 여기고 명예나 권력에 초연하며 자랑하지 않고 나대지 않는 구름 같은 바람 같은 담백한 삶을 소망하며 애써 부르던 노래다.

내 도제들도 그러이 담백 소박한 살림 가꾸기 바라며 기회마다 일렀지만 저마다 관점이 다르고 타고난 기질이 다른지라 뜻대로 따를지는 미지수다.

다만 별다른 일 없이 4년 임기 끝내고 흔연히 후임에게 주지직 물려주고 표표히 떠나는 탄경수좌의 뒷모습은 나옹 선사의 토굴가에 근접하는 듯 흐뭇했다.

놓은 사람도 받은 사람도 다만 할 일만 바뀌었을 뿐

저마다 살림에는 하등 달라진 것 없으니 오직 진실한 향 하나 불전에 사루는 정성의 살림 가꾸어가야 할 것이다.

오직 간절한 바람은 우리의 수행전당 대광사가 후임 주지 새로 맞으며 전보다 나은 대광사 되기를 바라며, 실로 고통을 덜어주고 불안을 위로하는 보타낙가산 되기를 간절히 기도했다.

나 또한 전보다 더 관심 기울이며 사랑을 보태겠지만 새 주지를 위시한 모든 불자들이 전보다 한층 깊은 정성으로 기도 정진하길 기도한다.

# 27
·········

# 그리스

소크라테스에서 플라톤으로 플라톤에서 다시 아리
스토텔레스로 연이어 전해지며 발전하고 집대성된
그리스 고대 철학은 이후 로마 시대, 알렉산더 시대
를 거치며 서양 철학의 기반이 되고 세계 철학의 바
탕이 되었다.

그들로부터 이어진 고대 그리스 철학은 오늘날까지
도 정치 문화 사회 각 분야의 핵심 역할을 하고 있다.

모든 역사가 그러하고 문화가 그러하듯 그리스 철
학도 그들의 화려하고 다양한 신화에 바탕하고 있다.
신화는 종교의 근원이며 정치, 철학, 문화, 음악, 등
의 원동력이다. 고대 국가의 통치와 문화는 종교와
신화가 주역이었다.

어떤 나라 어떤 민족이든지 저마다 개국 신화가 있고 민족 신화가 있다. 신화는 그들의 종교가 되고 민족의 정신이 되고 국가 건설의 바탕이 되어 영고성쇠를 같이한다.

때로는 약소 민족을 복속하는 점령의 무기로 이용되기도 했고 국민을 통치하는 수단으로 이용되기도 했으며, 부패한 종교인들의 치부 수단이 되기도 했다.

그리스라는 나라는 그다지 크지 않은 반도형의 사분오열을 수없이 반복한 여러 조각의 작은 나라들이 모여진 구성체다. 그들은 일찍이 신화와 철학의 황금기를 누리며 세계를 이끌 수 있는 화려하고 찬란한 문화를 만들고 종교와 사상을 만들어 세계문화를 지배했다.

그럼에도 불구하고 그들은 이천 년 전 나라 잃은 민족이 되어 남의 나라 지배를 받아야 했고 서기 1821년 겨우 독립한 오랜 세월 나라 잃은 설움으로 보낸 불운의 국가다.

그들이 이천 년의 오랜 세월을 나라 없는 민족으로 지내야 했던 것은 오히려 남들은 중하게 여기는 자기들 신화, 종교, 문화, 역사에 대한 자부심과 긍지를 잃었기 때문이며, 남의 것에 동화되어 민족혼을 잃었기 때문이다.

그들은 지금 그 화려하고 아름다운 건국 신화를 다만 기록으로만 기억할 뿐 신앙적 가치나 국가 정신으로 소중하게 생각지 않는다.

그 많던 거대하고 화려한 신전들은 역사의 잔해로만 뒹굴고 있을 뿐 아무도 신앙으로 돌보지 않는다. 유태 신화숭배에 몰두해 자기 것에 대한 소중함은 느끼지 못하고 있다.

술의 신 하면 박카스를 떠올리고, 사랑의 신 하면 에로스를 생각하며, 미의 신 하면 아프로디테를 말할 정도로 그들 신화는 세계적이지만 정작 저들은 소중함을 모르고 있다.

나라 잃고 천 년을 두 번이나 지나도록 남의 지배를 받은 것이 우연한 일이 아닌 듯하다.

# 마음의 빗장

일본의 소니에서는 1999년 "아이보"라는 로봇 강아지를 만들어 판매했다. 비교적 비싼 가격인 우리 돈 2백 5십만 원 정도임에도 단번에 3000개가 팔렸다. 이후로도 한동안 불티나게 팔렸다.

아이보에 관심 보이는 대상은 주로 여성이고 노인층이었다. 정줄 곳 없는 혼자 사는 사람들이 주 고객이었던 셈이다.

혼자나 둘이 사는 계층이 점차 늘어나는 것은 신경 안 쓰고 편히 살려는 이기적인 심리의 팽창 때문이다.

그러나 그들도 결국은 외로움에 시달리게 되고 해결 방법을 개나 고양이 등 애완동물에게서 찾게 된 것이다.

언제부턴가 소니의 경영난으로 아이보 회사가 문 닫게 되고 로봇 개의 고장 수리가 불가능해졌다. 아이보에 애정 쏟고 살던 노인층의 상심은 대단해서 수리 방법을 찾아 서로 연대를 구성해 수리가 아닌 치료라는 단어를 쓰며 마치 인간을 대하듯 정성을 쏟았다.

심지어는 더 이상 고칠 수 없는 아이보를 위한 장례를 치러 주는가 하면 절에서 합동 천도재를 지내기도 했다. 어떤 노인 부부는 다음 생에 만날 것을 약속하며 눈물의 전송을 하기도 했다.

사람은 누구나 정이 있어 어떤 무엇에건 애정을 쏟는다. 대상이 어떤 것이든 가리지 않는다. 대상이 물건일 수도 짐승일 수도 사람일 수도 있다.

그래서 오래 기르던 개를 떠나보내며 눈물을 흘리고 오래 타던 자동차를 폐차하며 슬픔에 잠기기도 한다.

그러나 우리가 어떤 일을 당할 때 그 대상에 대한 감정의 차이는 분명 있어야 한다.

사람일 경우와 짐승일 경우와 보통 물질일 경우가 달라야 한다.

무엇보다 우선시해야 할 대상은 사람이다. 사람 중에서도 더 소중하게 여겨야 할 사람, 조금 덜 챙겨도 될 사람의 차별이 있어야 한다. 이를테면 부모님은 섬김의 우선순위에 들어야 하며, 형제자매 가족은 차선 순위여야 한다. 이웃과 동료 친구는 또 그 다음이어야 한다.

물론 세상 모든 사람이 다 소중하고 귀한 존재라서 모두를 잘 받들어야 하겠지만 소중한 가운데서도 우선과 차선은 분명 있어야 한다.

요즈음 우리 가슴을 아프게 하는 우스갯소리가 있는데 이른바 '가족 순위표'다. 첫째는 아이들이고 둘째는 강아지고 셋째는 남편이고 넷째는 부모님이라는 것이다.

부모님에게 안부 전화는 안 해도 강아지 밥은 여지없이 챙기고 형제들 옷 한 벌 안 사줘도 칠팔십만 원 하는 코트를 강아지에게는 사준다.

강아지가 귀엽기는 하지만 절대 부모님같이 소중한 존재는 아니다. 아이들이 살갑고 정다운 대상이긴 하지만 남편보다 서열을 우위에 둘 수는 없다.

인간에게는 인간의 도리가 있고 가정에는 가정의

도리가 있다. 지켜야 할 예의도 있고 지켜야 할 순서도 분명 있다. 도리도 예의도 없는 사람을 우리는 짐승만도 못한 사람이라 한다.

매일 씻어주고 안아주고 입 맞추고 꼬박꼬박 밥 챙겨주는 개에게 쏟는 정성을 부모에게 남편에게 이웃에게 쏟으면 돌아오는 감사 표시가 개의 꼬리 침에 비교할 수 없을 것이다.

사실 개에게 아무리 정성을 쏟은들 아플 때 따슨 물한 그릇 끓여줄 수 있으며 병원에 데리고 갈 수 있으며 하다못해 119라도 불러줄 수 있겠는가?

사람과 사람 사이는 점점 성글어지고 이웃과 이웃은 서로 알지도 못하는 사이가 되고 있다. 가족과도 이웃과도 친척 간에도 대화는 단절되고 사이는 점점 더 멀어지고 있다.

개에게 쏟는 정과 동물에게 주는 정을 가족에게 이웃에게 나누면 더 즐거운 만남이 이루어지고 더 기쁜 만남이 이루어질 것이다. 외롭고 서글픔에서 벗어나게 하는 틀림없는 해결책이 될 것이다.

아무렴 사람에게 주는 정이 개보다 못하기야 하겠는가? 망가진 기계 개를 위해 천도재를 지낼 것이 아

니라 손길이 필요한 이웃을 위해 따신 마음 내는 것
이 옳은 일이다.

　마음 나눌 사촌 같은 이웃이 있고, 외로움을 위로받
을 피를 나눈 가족이 있다는 것은 삶을 즐겁게 하고
인생을 행복하게 하는 조건의 갖춤이다.

# 보은의 기도

「수미산을 두 분 어버이 업어 모시고 어깨가 닳도록 돌아도 은혜를 다 갚지 못한다」고 부처님께선 부모은 중경에서 말씀하셨다. 세존께서 어느 날 제자들과 더불어 길을 가시다가 마른 뼈 무더기에 오체를 땅에 던져 공손히 절하시었다. 의아해하는 제자들에게 다음과 같이 말씀하셨다.

"이 뼈의 주인이 전생에 혹은 더 먼 전생에 내 어머니거나 아버지거나 조상이었을 수 있기 때문에 절하는 것이다."

늙은 아버지 간절한 기대를 뒤로 하며 수행의 아득한 길을 선택하신 그분께선 두고 온 아버지 「숫도다나」에 대한 미안함과 안타까움이 늘 가슴을 저리게 했을 것이다. 지나는 길에 하얗게 바랜 마른 뼈 무더기를 예사롭게 보아 지나지 못하셨음은 당연한 일이다.

뼈 무더기를 보시고 우리가 부모에게 받은 은혜가 말할 수 없이 지중함을 설하시며 그 은혜 반드시 갚아야 함을 설하신 경이 「부모 은중경」이다.

부모님 큰 은혜를 열 가지로 나누시며 그 하나하나 이르신 자세한 말씀에 듣는 대중이 눈물 흘리지 않는 이 없었다 했다. 지금도 이 경을 강할 때는 대부분 사람들이 눈물을 흘린다.

어떻게 하면 그 지중한 부모 은혜를 갚을 수 있겠는가 하는 제자들 물음에 대해 자상하게 이 경에서 답을 주셨다.

2부 인연은 다듬어 가는 것

스님 한 사람 만들어지는 데 「삼대 적선이 있어야 가능하다」 했다. 스님들은 누구나 매일 아침 예불 때마다 「사부대중 선망 부모 다 왕생극락하시라」고 행선 축원 드린다. 다른 불사 때도 늘 같은 축원을 드린다. 덕분에 칠 대 조상까지 극락 왕생할 수 있을 것이다.

절집에 던져져 질경이같이 살아온 지 이미 칠십수

년에 이르니 그간 매일 예불에 드린 축원이 적지 않았는지라 우리 어머님 아버님 조상들께선 이미 극락 여행을 떠나셨겠지만 그래도 올해에도 간절한 마음 담아 백중기도에 올려 드린다.

더구나 절손의 아픔을 드린 후손으로서의 죄스러움에 대한 사죄도 함께 담아서 올려 드렸다. 더불어 나를 사랑하시던 여러 어른들 이름도 함께 올려 드렸다.

저승길 여행 떠나야 할 날이 해마다 가까워지기에 몇 번이나 더 올려 드릴 수 있을지 남은 날이 그다지 많지 않을 듯하여 올리는 마음이 애틋하다.

절마다 이때쯤이면 백중 천도 기도를 드리는데 이 또한 부모 은혜와 은혜 보답에 대해 설하신 경전인 목련경에서 기원한다.

부처님 상수제자 목련의 어머니께서 지옥에 떨어져 고통당하고 있었는데 효심 지극한 목련께서 세존 가르치심 따라 절차 이행하여 해탈을 얻게 하신 데서 연원한다.

내 어머님 아버님 할아버지 할머니 더 먼 조상께서도 이 천도기도로 꼭 극락에 왕생하시길 합장한다. 더불어 나를 사랑하시던 여러 어른들께서도 함께 상품상생하시길 기도한다.

　뿐만 아니라 동참하신 모든 이들의 소청 영혼들도 세상 모든 영혼들도 두루 득락(得樂)의 기쁨 얻으시길 손 모둔다.

# 이 명

백내장이라는 생각지도 않았던 증상이 어느 날부터 시작되어 안개 서린 듯 가물거리는 시각으로 세상을 바라보게 되었다.

세상이 뿌옇게 안개에 덮인 것인지 눈이 흐려져 안개에 덮인 듯 느껴지는 것인지 분간 못 할 현상이다. 칠순 고개를 넘어가는 나날이 안개에 덮인 듯 못내 갑갑하다.

그렇게 눈의 불편도 적지 않은데 귀까지 뜻밖의 소리에 휘몰려 하루가 여삼추로 지리하다. 귀뚜라미 울어 밤을 낮같이 지낸 지 이미 오래거늘 그나마 익숙해졌나 했더니 이젠 떨꺽이는 소리 시도 때도 없이 파도쳐 춤 삼키기도 밥알 넘기기도 겨웁다.

물을 마셔도 밥을 넘겨도 반찬을 삼켜도 여지없이 떨꺽이는 소리는 나서 밥을 먹는 건지 모래를 씹어 삼키는 건지 도무지 정신이 없다.

병원도 두어 번 다녀오고 한의원에서 침도 여러 번 맞아 보았지만 도무지 차도가 없다. 혹시 죽는 날까지 안고 가야 하는 것은 아닌가 하는 걱정이 든다.

하루 다르게 여기저기 고장 나서 날로 불편이 늘어 「이것이 늙어가는 것이다」 하는 체념으로 지내려 애쓰긴 하지만 불편감은 좀처럼 수그러들지 않는다.

얼마나 더 이 어려움 감내하며 살아야 할지, 사는 동안 얼마나 더 불편한 곳이 생겨날지 생각하면 아득하기만 하다.

일 년 다르게 철 따라 다르게 허물어지는 육신을 감내하며 하시던 어르신들 말씀이 하나하나 사실로 실감되어 그때 좀 더 정성으로 보살펴 못 드린 것이 후회스럽다.

내일은 동대 병원에라도 가서 좀 더 깊이 있는 진찰을 해서 다스릴 수 있으면 다스리도록 노력해 보아야 하겠다. 인연은 어차피 다듬어 가는 것이며 인연 만드는 주체는 자신일 수밖에 없으니 말이다.

아침저녁 불전에 발원 드림이 「절하는 무릎 불편 없기를, 말씀 전하는 육신에 장애 없기를」이다. 눈이 불편해지고 귀가 불편해짐은 말씀 전함에 심한 불편이 있게 된다. 고칠 수 있다면 고쳐 쓰도록 해야 한다.

수보리 목건련 등이 늙어 불편해진 몸 더 추스를 수 없어서 세존께 허락받아 먼저 열반에 드셨음은 삶도 죽음도 자연하고 단아하게 갈무리해야 함을 보이심이다.

다만 고칠 수 있다면 고쳐 쓰겠지만 그렇지 못하다 해도 심한 고통에 휩싸이는 일은 없어야 하겠고 짜증으로 나날을 보내는 한심함은 없어야 하리라.

생각하면 그간에 그다지 불편하지 않은 육신으로 살 수 있었던 것이 고맙기 이를 데 없다. 남들은 다리 없는 몸으로도, 손이 없는 몸으로도, 눈이 없고 귀가 없는 몸으로도 정성 다해 살아가지 않던가?

그들에 비하면 나는 천국을 살아가는 자유롭고 넉넉한 니르바나의 삶이었다고 말할 수 있다. 지금의 이 불편은 오히려 감사할 일이다.

30 의 말

# 착각이 문제입니다

오온이 공한데 공하다고 보지 않고 언제까지나 자기와 함께 존재할 수 있다고 생각하며 놓치지 않으려고 집착하는 착각의 마음이 문제입니다.

언제까지고 나와 함께 존재할 수 있을 거라 착각하는 마음을 무명이라 하지요. 무명은 생사와 고락의 원인입니다.

한 물건도 본래 없었고 한 물건도 없는 본래의 모습은 자성의 본 모습이기에 돌아가지 않으면 안 될 곳임을 늘 자각해야 합니다.

# 32
·········

# 악취미

낚시질을 부부가 함께, 재미나게 다닌다고 자랑이 늘어졌던 한 이웃에게 경고장을 보냈다. 세상에는 취미생활이 수도 없이 많은데 하필이면 남의 목숨을 죽이는 모진 짓을 취미로 해야겠느냐? 나중에 그 과보를 어찌 받으려고 그러느냐는 내용이었다.

부처님께서 불자가 지켜야 할 계율 중 첫 번째를 불살생으로 정하셨다. 계율의 첫째 항목이 불살생으로 정해진 것은 살생이 그만큼 나쁜 짓이며 나중에 고통스런 과보를 받게 되기 때문이다.

붓다께서 정해주신 계율은 계층에 따라 다양해서 신도계, 스님계, 보살계 등 여러 종류가 있다. 그럼에도 모든 계율의 첫 대목은 불살생이다. 모든 계율은 불살생으로부터 출발한다 해도 틀리지 않다.

사람이나 짐승이나 벌레나 제 생명 소중하게 생각하기는 마찬가지다. 심지어는 식물까지도 죽기를 싫어해서 죽기 전에 반드시 생명에 대한 애착의 몸부림을 친다.

우리 생명을 다른 존재들이 빼앗으려 할 때 안타깝고 두려운 마음이 들듯이 그들도 매한가지로 안타깝고 두려운 것이다.

일본 사람들에게 마루타로 희생된 조상들이 얼마나 많았으며 성노예로 끌려간 할머니들이 얼마나 많았던가?

탄광에서 소리조차 지르지 못하고 강제 노역 당하다 돌아가신 할아버지들은 또 얼마나 많았던가?

낚싯줄에 걸려 올라오며 죽기 싫어 발버둥 치는 생선의 심정과 그분들 심정이 조금도 다르지 않을 것이다.

지금은 한국의 승가에서 육식을 전혀 하지 않는 것은 아니지만. 사오십 년 전에는 전혀 육식하지 않았다.

개화를 통한 불교의 교류로 남방 불교의 육식 관습

이 전해진 것이라 할 수 있다.

금기 음식과 섭취 음식이 나라에 따라 다르게 계율로 정해지는 이유는 풍토에 따라, 환경에 따라 절대 필요의 성분이 다르기 때문이다. 걸식을 음식 섭취의 절대 방법으로 하는 남방 불교에선 육식을 가릴 수 없었을 것이다.

스스로 음식을 만들어 먹어야 하는 북방불교에서는 가능한 육식을 취하지 못하게 했다. 육식은 자기가 직접 죽이지 않더라도 살생을 부채질하는 간접 살생이 되기 때문이다.

나무도, 돌도, 짐승도, 사람도 심지어는 벌레에 이르기까지 이 세상에 존재하는 모든 것은 똑같이 세상을 누릴 권리가 있다. 유독 사람만이 세상을 쥐락펴락해도 된다는 생각은 오만하기 짝이 없는 독선이다.

십선업경에서는 이렇게 이른다.
"전생에 살생을 많이 한 사람들은 금생에 아픈 곳이 많고 건강하지 못한 몸으로 평생 고생하고 살아야 하며 오래 살지도 못한다."

나는 그들에게 이렇게 덧붙였다.

"아니라도 평생을 아프게 지냈는데 다음 생이 또 병고에 시달리게 되면 차마 그 고통 어찌 견디려고 그러느냐?"

# 가사 하나 발우 하나

가사 하나 발우 하나면 살아가기에 부족함이 없다
고 하셨다.

더는 소지품을 탐하지 말고 두 가지로 생을 다스려
가라고 하셨다. 처음 입산해서 삭발하여 계를 얻게
되면 정해진 스승이 발우와 가사를 구해 제자 된 증
표로 전해준다.

가사 하나 발우 하나가 스승과 제자의 증표로 전해
지기 시작한 것은 부처님 당시부터였을 것이다.

스승에게 받은 가사 발우를 평생 소중하게 간직하
여 사용하다가 다시 제자에게 전해 주는 것은 대를
잇는 오랜 역사가 되었다.

제자가 많은 스승의 경우는 그중 장로격에게 자신이 스승에게 받았던 가사 발우를 전한다. 그래서 더러는 이로 인한 경합이 생기는 경우가 발생하기도 했다.

　이를 일러 의발의 전수라 하는데 전통을 지켜간다는 입장에서는 바람직하기도 하지만 경쟁으로 인한 분열의 소지가 없지 않아서 육조 혜능 이후에는 이를 폐하기도 했다.

　초기 시대의 스님들 소지품 규칙은 매우 엄격했다. 정해진 간단 단촐한 일용품 외에는 절대 소지할 수 없었다.

　이를테면 가사, 발우, 칫솔, 물병, 깔개, 지팡이, 좌복 등이 전부였다. 청빈을 자랑으로 여기며 가난을 수행의 기둥으로 삼아 살아가게 하셨다.

　오늘날 너무 소지품이 많아진 승가의 모습은 스스로 부끄러움에 젖게 한다.

34
·········

# 여래심

엊그제도 또 한 분 거의 일생을 같이했던 동지 같
고 형제 같은 벗이 우리를 두고 홀연 적멸의 길을 떠
났다. 대광사 사하촌에 터를 마련해 변함없이 법회를
드나들며 그의 얼굴에 주름 잡힐 때 내 얼굴도 주름
잡히는 세월을 동행했던 분이다.

덩치 큼직하고 사람 좋아 보이는 알뜰히 그이를 챙
기던 남편 홀로 남기고 아직도 성혼 못 한 오십 줄의
아들 둘 남겨두고 차마 어찌 눈을 감았을지 모르겠다.

언제나 웃음 잃지 않는 밝은 얼굴이라서 싫어하는
이웃이 없었던 것으로 기억된다. 친근감 있게 사람을
대하시는 진한 여성성의 모습은 언제라도 편하고 좋
은 느낌이셨다.

지난 여름 다리를 다치셔서 출입이 자유롭지 못하다는 말을 듣고 문병을 다녀오기도 했다. 그 후 아들 힘을 빌어 절에도 나오시고 점차 회복의 기미를 보이시더니 엊그제 느닷없는 부고를 받고 마음이 많이 아팠다.

거리도 멀고 몸도 여의치 않아 문상조차 못 하여 무거운 심사 지울 길이 없다. 당연 대광사에서 사십구일을 왕생 기도할 것이니 그날들 어김없이 기억하여 가시는 길 밝게 열어 드려야 하겠다. 맑으신 영혼으로 떠나시게 해야 하겠다.

결코 부유하지 않았지만 큰 기로움 없이 언니들 부축해서 법석을 부지런히 참석하시고 아들 둘 학생회 참석케 하여 건실한 불자 가정 꾸리며 평탄한 행복을 누리시던 단란한 생을 누리신, 이상적 삶을 살다 가신 분이다.

세상 열심히 사시며 할 일 애써 하시다 그 일 다 마치는 순간이 와서 홀연히 떠나시게 된 것이니 여래심이시여! 더는 어쩔 수 없는 일이기도 하니 도무지 뒷일 돌아보지 마소서! 홀홀히 비워진 마음으로 안양국으로 가볍게 길을 떠나소서!

그곳에서 아미타 영접받으시고 관음 세지 인도받으시어 다시는 생사에 휩쓸리지 않은 영원한 법인을 누리소서! 비로자나 법신에 하나 되는 구경지를 이루소서!

# 35
· · · · · · · · ·

# 보해스님

육십 사오 년 전 법당 마당을 매일 쓸어 티끌 하나 남지 않게 하시던 한 노스님이 계셨다. 드나는 신남녀들 입에서 티 하나 없이 맑아서 떨어진 밥풀을 주워 먹어도 되겠다는 찬사를 듣곤 했다.

깔끔한 처신만큼이나 성격도 날카로워서 남 잘잘못을 조금도 용납 못 하는 차갑고 냉정한 분이었다. 벌써 육십 년 넘은 오랜 세월이 흘렀음에도 이름이 기억에 남아 냉담의 표상으로 선명하다.

기댈 곳 없어 홀로 어린 삶 갈무리며 겨울 삭풍 같은 승가의 인정을 견디며 살아야 했던 내게 어지간히도 모질게 굴어, 아니라도 얼어 터지고 피 흐르는 어린 손끝을 한없이 한 맺히게 했던 분이다.

어디서 누구를 스승으로 출가하셨는지 어느 곳에서 축발하셨는지 고향조차 어딘지 알지 못하는 오래 함께하지 못한 분이지만 잊히지 않는 분이다.

언제나 불문의 화두는 자비다. 그러나 그 자비가 화두로서만 자비일 뿐 살아 실천으로 옮겨지는 자비는 결코 아니었다. 내 어린 시절의 절집은 그랬다.

육이오 이후의 어려운 시절 가난 때문에 불의의 변란으로 절로 들어오게 된 아이들이 그때는 하도 많았다. 그 많은 아이들을 부모 같은 자비로 보듬어주기는 어려웠을 것이다. 가족을 떨치고 절로 들어와 홀로 살기를 오래 한 생활 습성이 가족같이 거두고 포용하는 인습이 길러지기는 어려웠을 것이다. 남의 아이를 내 아이같이 돌보는 부모는 성인이나 대승 보살 아니고는 참으로 불가능할 것이다.

보해스님, 아직도 이름이 생생하게 기억나는 그 스님은 나를 언제나 자비와 인자함을 생각하게 하고 어떻게 후학들을 대해야 하는지를 생각하게 하는 훌륭한 스승이시다.

# 장수스님

한 스님이 어느 날 저물 무렵 나를 만나고자 했다.
워낙 차비 얻으러 다니는 일명 전객연들이 많은지라
그런 사람이려니 하고 만났다.

눈이 부리부리하고 성깔 꽤나 있어 보이는 늙수레한
노장이었다. 스스로 소개하기를 봉암노장님 조카상좌
라 하며 용성 계열의 동문인 동산스님 문하라 했다.

선방을 드나들며 늙어진 몸이지만 더는 허리 꼿꼿
이 세워 백일을 앉아 버틸 기운이 없어 쉬면서 지낼
처소를 찾는데 마땅히 인연 닿는 곳이 없어 찾아왔노
라고 대광사에 살게 해달라고 사정했다.

구름같이, 바람같이 떠돌며 사는 것이 승가의 모습
이며, 돈에도 명예에도 장소에도 집착 않고 살아야

하는 것이 스님인지라, 아프거나 늙어지면 고달프고 고통스러운 것이 스님이다. 미래의 나를 보는 듯하여 흔쾌히 머무시라 허락했다.

나중에 알게 되었지만, 그이의 학력은 일본의 와세다를 나온 인텔리였다. 가끔 무심히 뱉어내는 말들도 예사롭지 않은 철학이 있기도 했다. 그럼에도 불구하고 그이의 내재한 철학은 끝내 인품이 되지 못했다.

후원의 보살들에게도 어찌나 잔소리를 해대고 힘들게 하는지 도무지 선방을 드나들며 법납을 쌓은 수행자의 모습을 보이지 못했다.

두어 해 겨우 참고 견디다가 더는 어찌할 수 없다는 생각이 들어 다른 곳으로 가시라고 했다. 그래도 다른 군소리 한마디 없이 걸망 하나 짊어지고 흔연히 떠나는 수자의 행상을 끝으로 보이기는 했다.

훨씬 뒷날이지만 나중에 불국사에서 한동안 같이 지내기도 했는데 역시 그곳에서도 얼마 견디지 못하고 연신 사고를 일으켜 쫓겨나고 말았다. 그 뒤로는 어디서 어떻게 지내시는지 도무지 모르다가 어디선가 돌아가셨다는 소식을 풍문에 들었다.

그 나이에 와세다를 나왔으면 최고의 학력에 해당

한다. 선방을 끊임없이 드나듦은 또 예사로운 일인가? 마음을 닦고 씻는 내적 성찰이 없는 학력이나 수행이 아무 의미 없음을 여실히 보여주는 사례라 하겠다.

# 성해당

아무 성질도 없는 그저 무골 호인 같은 인상의 어른
이었다. 늦은 나이로 출가하셨던 것으로 여겨지는 진
해 창원 주변의 대처승들 의지처였던 스님이시다. 무
상당께서도 그이의 도제로 승적을 얻었다.

무상당께서 자리를 비운 사이 잠시 대광사를 머무
시며 법화경을 열심히 사경하시고 대광사의 '상용 예
경집'을 집필하기도 하셨다.

출가 전 사가에서 한학을 많이 익히신 분이라 붓글
에도 경전 해석에도 상당한 수준을 갖추셨다. 그래서
늘 주변 스님들에게 가르침을 주는 스승 노릇을 하시
며 예경에도 소홀함이 없으시었다.

그러나 사람 좋기만 하시지 매사에 옳고 그름을 분명히 하지 못하는 결점이 있어 그분이 관리하시던 시중의 묘법사는 결국 건축업자에게 땅이 팔리고 절이 없어지는, 차마 불자로서 저질러선 안 될 업보를 저지르고 마셨다.

우리 역사에서 대처는 일제시의 불가피성이 상당히 있었기에 대처를 굳이 폄훼할 것은 아니지만 대처승들의 사후 마무리는 늘 성해당과 같은 사례가 빈번해서 사회의 아니 교계의 비난을 면할 수가 없다.

가족들은 언제나 성해당 목을 조이는 느낌이었다.

자식들 서넛이 있었던 것으로 기억되는데 모두 법당 참배는 물론 법문도 경전도 도무지 듣지 않는 외도에 가까운 이들이었던 것으로 기억한다.

차라리 법화스님에게 묘법사를 맡겼더라면 절이 없어지지는 않았을 텐데, 악착같이 돌려받아 결국은 절은 없어지고 불상은 훼손되고 스님은 훼불 폐사의 업을 지고 저승으로 떠나게 되었다.

자식들을 불법에 귀의시키지 못하는 우를 범하신 셈이다. 자식들에게 승가의 좋은 모습을 보이지 못하여 그들이 귀의하지 않는다. 삼보정재를 사유재산 정도로 생각하는 잘못을 자식들이 저지르게 한 셈이다.

# 손노인

그분은 대광사에서 잔일을 하시며 말년을 보낸 분이다.

대나무 잔가지를 잘라서 쪼개진 사이에 버려진 도루코 면도날을 끼워 날이 무디어져 잘 들지도 않아 피부를 베어 피를 흘리면서도 돈 아끼기 위해 늘 그렇게 면도를 하시었다.

왜인들이 나라를 식민지배할 때 철도공무원으로 꽤나 거들먹거렸다는 자랑 같지도 않은 자랑을 간간히 하시던 순하디 순한 분이었다.

그때 돈깨나 만질 수 있어서 논도 집도 괜찮게 지니고 살았단다. 그래서 본부인 쫓아내고 둘째 부인 들여 첫째 부인에게 못할 짓 하여 늘 원망 들으며 그 아들에게 매양 시달리며 살았다 했다.

 직업 없고 살 곳 없던 첫 부인 아들이 찾아와 노상 괴롭히곤 하더니 그 아들 느닷없이 노인 방에서 죽어서 하필 초파일날 초상 치르느라 혼이 빠진 적이 있기도 했다.

 어느 해 나들이 한 번 못 하고 지내는 것이 안쓰러워 법당 일 하던 목수들 따라 나들이 시켜드렸더니 그 연세 높으신 나이로 종일을 관광버스 음악 따라 잠시도 쉬지 않고 춤을 추시었다. 모두 걱정되어 그만 쉬시라고 말려도 듣지 않으셨다.

 그분도 가시고 그분을 아주뱀이라 부르던 대덕화도 가시고 그분을 떠올릴 주변 아무도 없는 사십 년이 훌쩍 지난 어느 날 문득 그분 조카라는 분이 설담원을 찾아와 까맣게 잊고 있던 그분을 생각하게 한다.

 아무 기억해야 할 중요한 업적 하나 없는 분이지만 그리 순하디 순한 심성은 수십 년이 지난 지금도 이름보다 먼저 떠오른다. 세상에 좋은 기억을 남기는 것은 매우 소중한 일이다.

# 반야월

밤바다 불빛이 유난히 반짝이는 여수 어딘가에 그이의 흔적이 남아있을지 모를 일이다. 향일암 아래의 바닷바람 거친 작은 마을이 그가 태어난 고향일 수도 있다.

"으메 어쩌끄나~?"

아직도 귀에 선연히 남아있는 그 억양이 잔성으로 남아 오랜 세월 귀를 때렸다. 외로움에 시달리는 어린 시절 내 삭풍의 밤을 그이는 짭쪼롬한 타미에 빠져들게 했다.

외로움에 온몸이 멍들어 산천을 휘감아 안고 한숨으로 새우는 날이 많았던 어린 내게 따신 입김 불어주며 갈 바 모르던 두려움을 잠시라도 사그러들게 했던 분이다.

아이들 아직 어린데도 남편에게 버림받고 갈 바 몰라 절로 찾아든 어쩌면 외로움의 동병상련이 서로를 다독이게 했는지도 모른다.

모진 바람 몰아치는 언덕 아래로 손사래 한번 남기지 않고 허겁지겁 생각 정리하고 떠나더니 인천 어딘가에서 딸들과 애써 혈육들 돌보며 지낸다고 했다. 한 번 막내의 땀 냄새 맡으며 여름을 육소했던 기억이 남아있을 뿐 더는 마주치지 못했다.

간간이 어느 바람결엔지 모를 말년에 원수 같았던 남편과 재합했다거니 아들이 어렵다거니 확실치 않은 풍문만 귀를 스쳤을 뿐 더는 아무 소식도 없었다.

어린 나이에 부모를 잃고 검은 산 아래 작은 암자에 홀로 던져져 손이 터지고 발이 시린 냉한의 나날을 보내야만 했던 내게 그분은 더할 수 없는 의지처였다.

그러나 연결된 고리 하나 없었기에 이후의 모습은 늘 궁금하기만 할 뿐 알 길이 없었다. 아마 지금쯤은 어느 산곡의 잡풀 우거진 나무 아래 소리 없는 비석이 되어 계시거나 한 줌 재가 되어 흙으로 돌아가셨을 것이다.

39 밤안골

# 40
. . . . . . . . .

## 반항심

한 아이를 데리고 엄마가 장난감 가게를 갔다. 아이에게 원하는 장난감을 두 개 사주며 몇 번이나 타일렀다.

"똑같은 것 두 개를 샀으니까 하나는 동생에게 주어야 한다."

"알았어요."

아이를 믿지 못하는 엄마는 집에 가는 길에 다시 이른다.

"너는 형이니까 동생을 잘 보살펴야 한다. 장난감 하나는 꼭 동생에게 주어야 한다."

"알았다니까 왜 자꾸 말하세요?"

아이는 엄마가 말하지 않아도 다른 하나를 동생에

게 줄 생각이며 형으로서 동생을 보살펴야 한다는 걸 잘 알고 있었다. 그런데 엄마가 자기를 못 믿고 자꾸 말하는 것이 영 마음이 상한다. 자기도 동생을 사랑하고 보살피려고 애쓰고 있는데 믿지 못하는 엄마가 늘 섭섭하다.

집에 도착해 장난감을 펼쳐서 이리저리 살펴보고 있는 아이를 향해 대뜸 엄마는 소리를 지른다.

"너! 동생에게 하나 주라고 하는 엄마 말 잊어버렸어?"

"엄마! 어떤 것이 안전하고 쓰기 편한지를 살펴보고 안전한 것을 동생 주려고 하는 거예요." 하면서 자기 마음을 몰라주는 엄마가 밉기까지 했다.

어른들을 보면서 배우는 것이 아이들이다. 심지어는 어머니 아버지 말투까지도 그대로 닮는다. 어머니의 배려심 없고 이해심 없는 조급하기만 한 이 경우를 아이는 상처로 받아들이게 된다. 반항심이 많은 아이들의 대부분은 어른들로부터 신뢰받지 못했다거나 선생님들로부터 소외당했다는 자괴감에서 비롯한다고 한다.

# 연기법

하루하루가 정치의 오물을 뒤집어쓰는 듯 불쾌한 뉴스로 얼룩지는 이 시대에 한 줄기 빛과 같이 굵은 감동의 눈물을 흐르게 하는 이런 이야기가 얼마든지 많은데 언론은 왜 오물 덩어리 같은 정치 이야기에만 집중하는지 모르겠다.

어느 늦은 오후 작은 중국집에 세 아이가 들어와 자장면 두 그릇을 시켰다. 주인아주머니는 세 아이가 '왜 두 그릇만 시킬까' 생각했지만 대수롭지 않게 여기고 아이들 앞에 두 그릇의 자장면을 가져다 놓았다. 그래도 궁금증을 지울 수 없어 곁눈으로 지켜보니 언니쯤 되는 아이가 자장면을 동생들에게 밀쳐주며 어서 먹으라고 재촉했다. 동생이 언니에게 말했다.

"언니도 같이 먹어"

"나는 속이 거북해서 못 먹겠다."

언니가 거짓말하고 있다는 것을 이미 동생은 알고 있었다.

"그러지 말고 같이 먹자. 엄마 아버지가 계셨으면 셋이서 한 그릇씩 먹을 수 있었을 텐데…"

주인아주머니는 얼른 주방으로 들어가 자장면 한 그릇을 더 만들어 탕수육과 함께 아이들 앞에 가져다 놓으며 말했다.

"너희들 나 모르겠니?"

아이들은 서로 얼굴을 쳐다보며 말했다.

"모르겠는데요."

"나 너희들 엄마하고 친한 친구야. 너희들이 어렸을 때 보고 못 보았더니 그동안 많이들 컸네. 맛나게 먹고 다음에도 자장면이 먹고 싶으면 언제든지 오너라."

아이들 자존심이 상하지 않게 하기 위해 엄마와 친구라는 거짓말을 했다. 주방으로 돌아온 아주머니는 남편에게 사정을 이야기했더니 남편도 '아주 잘했다' 며 등을 토닥여주었다.

깨달음은 어리석음에서 벗어나 지혜로움으로 살아가는 것이다. 어리석지 않은 지혜로운 삶이란 어떤 것인가? 탐욕이나 성냄이나 집착에 의한 비이성적 삶에서 벗어나 깨어있는 자의 지성과 자비로 살아가는 것이다.

오늘의 잘못은 내일의 불행으로 이어진다. 어제의 노력에 의해 오늘이 결정된다. 이것은 우주의 법칙이며 누구도 피해갈 수 없는 상대성 원리의 연기법이다.

또 "이성적 지성이 갖추어지지 않은 신앙은 옳은 신앙이 아니다." 했다. 즉 모든 종교의 출현은 지성적 인간을 위해서라는 말이다.

세상의 모든 가르침이 이성적 인간을 위한 것이라면 자비와 나눔은 이성적 인간이 살아가는 절대 방식이다.

평화 세상을 지향하고 사랑의 세상을 목표로 하는 언론이라면 사랑의 이야기에 좀 더 귀를 기울이고 평안을 주는 이야기에 적극 귀 기울여야 하지 않을까? 오물 뒤집어씌우는 듯 역겹고 지겨운 정치 이야기는 이제 제발 그만 좀 했으면 좋겠다.

2부 인연을 다듬어 가는 것

# 말과 행동

요즈음은 혼자 사는 사람이 넘쳐난다. 서로의 책임을 다툴 필요도 없고, 서로를 위한 배려나 이해의 노력도 필요치 않으니 남을 위해 신경 쓰기 싫은 현대인에게 아주 알맞은 모양새다.

가게에는 혼자 사는 사람들을 위한 음식물이 홍수를 이루고 있다. 남자 여자를 가릴 것 없이 혼자 살기를 노래하는 사람들이 도처에 득실거린다. 세상은 점차 상상을 초월한 곳으로 내닫고 있다. 대체 어떤 세상까지 가게 될 건지 걱정이다.

한 남자가 혼자 살고 있었다. 누구를 배려하고 누구를 이해하는 것이 싫어서 혼자 사는 그도 음식 만들기 빨래하기 청소하기는 싫었다. 더구나 직장 다니며 늦은 귀가가 다반사인 그에게 그 일이 결코 쉬운 일이 아니었다.

파출부 아주머니를 정기적으로 불러 그가 하기 어려운 일들을 줄곧 시켰다. 어느 날 우연히 냉장고의 양주를 보니 많이 줄어 있었다. 이상하다고 여긴 그는 병에 표를 하고 다음날 다시 보았더니 역시 전날보다 더 줄어 있었다.

섣불리 남을 의심해서는 안 된다고 생각하고 그날도 표를 다시 해 두었더니 역시 조금 더 줄어 있었다. 이제는 아주머니에 대한 배신감이 들었다.

"말도 없이 제멋대로 마시다니..."

화가 많이 난 그는 병 속의 술을 다 따라내고 오줌을 그만큼 채워 두었다. 퇴근하고 돌아와 그녀가 차려둔 음식을 먹고 나서 다음 날 출근한 그녀에게 시침 떼고 물었다.

"냉장고 양주를 아주머니가 마셨어요?"

"저는 술을 먹을 줄 몰라요. 음식 만드는 데 양주가 필요해서 조금씩 썼어요."

성급하게 남을 의심하여 섣부르게 단정한 그의 행동은 결국 오줌을 마시는 어리석음을 범하게 되었다.

누군가를 의심하게 될 때 사실에 대한 정확한 여부를 세 번 확인하지 않으면 안 된다. 확인한 뒤에 결정을 내릴 때에도 그 결정이 옳게 내려진 것인지 잘못 내려진 것인지를 객관성 있게 살펴야 한다.

선부른 말과 선부른 행동은 자칫 상대에게 돌이킬 수 없는 상처를 줄 수 있고 내게도 아물 수 없는 아픔을 만들 수가 있다.

그래서 공자께서 세 번 생각해서 한 번 말하라 했다. 또 한 번 행동에도 세 번 생각이 필요하다고도 했다.

# 고 행

석가께서 **뼈**를 깎는 육년 고행을 이기지 못하셨다
면 불변의 진리를 깨닫지도 못하셨을 것이며, 수천
년을 변함없이 중생들을 '참 삶으로 나아가게 하는
말씀'을 내리지도 못하셨을 것이다.

예수께서 사막에서 금식하며 사십 일을 기도하는
고행을 견뎌 이기지 못했으면 수많은 인류의 추앙을
받는 성자로 거듭나지 못하셨을 것이다.

사십 일 혹은 사십구 일이란 숫자가 꼭 채워야 할
절대치는 아니겠지만 예수의 고행 일수가 사십 일이
고 석가의 마지막 깨달음 일정이 사십구 일인 것은
고행에서 꼭 필요한 일정 기간이 있어야 함을 의미할
것이다.

불가에서는 돌아가신 분을 위한 기도를 사십구 일간 드리기도 한다. 두 성자의 최후 깨달음 일수가 정해져 있고 돌아가신 이를 위해 기도하는 일정한 날수가 정해져 있음은 우주의 리듬이 일정치가 있음을 뜻하는 것이 아닌가 생각된다.

어떤 일이든 고비는 반드시 있기 마련이다. 고비를 견디어 이기지 않고는 아무것도 이룰 수 없다. 고비는 그래서 성공을 위한 자원이라 할 수 있다. 실패는 더 나은 성공을 위한 밑거름이 됨은 틀림없는 사실이다.

실제 힘든 고비를 많이 만나고 많이 이겨낸 사람일수록 삶을 다스려 나가는 힘이 있고 여유가 있다. 반면 아무 어려움 없이 부모덕으로 호의호식하며 지냈던 사람들은 삶을 바라보는 안목이 가볍고 조급하며 삶을 대하는 진지함이 덜하다.

'마케도니아' '필립포스' 왕의 아들로 태어난 '알렉산더'는 스승 '아리스토텔레스'의 가르침을 받아 철저하게 검소하고 철저하게 부지런한 사람이 된다. 여느 왕자나 귀족 같은 사치나 허영은 '모자라는 인간들이 하는 짓'이라고 생각했다.

"사치는 천한 사람들이 하는 짓이다. 제왕은 고난을 두려워하지 않아야 한다. 가장 중요한 자기 몸조차 자기가 돌보지 않는 것은 지도자가 될 자격이 없다." 고 했다.

그는 열여섯 살에 해외 원정 중인 아버지를 대신해서 왕의 일을 대신했고, 아버지 필리포스 2세가 암살되자 스무 살에 왕위에 올라 그리스를 통일하고 이집트에서 인도에 이르기까지 광대한 땅을 점령하여 제국을 세웠다.

그의 영향으로 그리스의 철학과 사상과 정치, 의술 등 찬란한 문화는 세계 전역으로 퍼져 실제 동서 문화교류의 원동력이 되었다.

지구상에서 가장 완벽하게 조각된 불상으로 존경받는 석굴암 부처님도 그의 영향에서 비롯된 헬레니즘 영향의 간다라 불상에서 기인했다고 본다.

고행을 두려워하지 않고, 고행을 오히려 발전의 자양분으로 만드신 세 분은 서로 다른 입장에서 세상의 등불이 되고 길잡이 되고 역사의 주인이 되었다.

# 44
.........

# 믿 음

눈이 멀고 귀까지 들리지 않는 늙으신 어머니를 모시고 사는 아들이 있었다. 한 겨울인데도 자꾸 '딸기가 먹고 싶다' 고 어머님은 성화를 부리셨다. '지금은 한 겨울이라 딸기가 없다' 고 여러 번 말씀 드렸지만 막무가내였다.

워낙 효심이 지극한 아들인지라 잡수시고 싶어 하는 딸기를 공양하지 못함이 너무 죄송스러웠다. 저러다가 덜컥 세상 뜨시기라도 하면 그 죄송함을 어찌하나 싶었다.

"천지신명이시여! 어머님이 저렇게 딸기를 드시고 싶어 하시는데 비록 한겨울이지만 천지신명님의 조화로 딸기를 구할 수 있게 해 주십시오."

오로지 어머님을 생각하는 간절한 정성으로 며칠을 밤낮을 가리지 않고 오직 일념으로 기도드렸다. 간절히 기도하면 반드시 이루어진다고 했다.

어느 날 혹시나 하는 바람으로 봄에 딸기 열렸던 눈 덮인 밭으로 갔더니 정말 딸기가 빨갛게 열려 있었다. '어서 나를 따다가 어머님께 드리세요.' 라고 말을 하는 듯했다.

우리나라의 설화집에 전해져 내려오는 어느 마을의 효자 설화다. 시골 마을 입구에는 더러 '효자 비각'이나 '열녀 비각' 혹은 '홍살문'이 있다. 더러는 비판적 시각도 있기는 하지만 마을에 이런 유물이 있으면 어쩐지 그 마을은 품격이 있어 보인다.

2부 인연을 다듬어 가는 것

그리스의 아토스 산에는 세상의 인연을 끊고 사는 정교회의 수도사들이 사는 수도원이 많다고 한다. 더러는 움막이나 토굴에 혼자 가난을 소중히 하며 사는 수도사들이 있기도 하단다.

어느 작은 움막에 혼자 사는 가난한 수도사에게 손님이 찾아왔다. 오신 손님을 대접해야겠는데 도무지 대접할 것이 없었다. 생각 끝에 바닷가에 내려가서 하늘을 향해 이렇게 기도하며 물 위에 손을 얹었다.

"주님이시여! 손님을 대접하려고 그럽니다. 부디 고기를 제 손에 올려 놓아주소서!"

그의 기도가 통해서 고기가 손에 올려졌다. 그 고기로 수사는 손님 접대를 잘 할 수 있었다.

신앙심이 깊은 이에겐 틀림없이 기적이 일어난다고 그들은 믿고 있다. 그 이야기를 전해 들은 우리나라 교회 신도들도 틀림없는 실화로 믿는다.

믿거나 말거나 그것은 저마다 특정 종교의 신앙 형태니 탓할 필요는 없다. 다만 우리의 설화는 단지 설화일 뿐이라고 부정하고 저들의 설화는 사실로 받아들이는 이중행태가 의아스러울 뿐이다.

심지어는 유태 신화는 실제 역사로까지 고집하면서 단군신화는 단지 신화일 뿐이라고 부정하는 속내는 무엇인지 알 수가 없다.

# 45
·········

# 복덕사

복덕사라는 절이 일본인들 채석장이 있던 돌산 근처에 있었다. 정확한 연대는 알 수 없지만 해방 무렵 지어졌을 것으로 짐작된다.

공시찬이란 풍운아가 일제 때 재산깨나 있고 행세깨나 했었기에 여러 여인을 거느리고 살기도 하고 자식들 여럿을 낳기도 하며 많은 이들에게 고통을 안겨 주며 살았는데 노년에 이를 참회하며 속죄의 마음으로 지은 절이라 했다.

조선 시대에도 일제 시대에도 더러 있었던 사례이듯이 행세 좀 하고 재산 좀 있는 사람들은 가족이나 선조들을 위해 복을 비는 개인 원찰을 지었었다. 수원의 용주사가 정조의 원찰이었고 진해 경화동의 장복사가 절 앞 재실 주인들의 원찰로 지어졌다.

대광사가 여러 차례 머물 곳을 정하지 못하고 옮겨 다닌 일이 있었는데 그때 잠시 복덕사를 빌어 부처님을 모셔두고 예경 드리다가 직전의 장소 '진해시 여좌동 산 25', 지금의 장복산 터널 아래로 옮기기도 했다.

공시찬이란 인물은 직접 보지 못했기에 그에 대한 평을 정확히 할 수 없지만 더러 들은 바에 의하면 상당히 술을 즐기고 여인들을 많이 사랑하고 풍류를 누렸던 것으로 짐작된다. 한편 재주도 상당했던 것으로 여겨진다.

대광사에 오래도록 모시고 있었던 아주 자그마한 관세음 상이 있었는데 그분이 조성하셨다고 했다. 그저 아마추어 정도의 솜씨가 아니었다. 하얀 분을 입으시고 머리 어깨 뒤로 내리시고 남순동자 품에 안으시고 감로병 손에 드신 아주 자비로운 상호였다.

물밀듯이 밀려드는 변화의 바람에 전통은 허물어지고, 오래 쓰던 생활용품들은 버려지고, 전해 내려오던 풍습들도 사라져 갔다. 그 사이로 언제인지 모르게 그 많던 암자들도 하나둘 사라져 흔적을 감추었다. 복덕사도 그렇게 사라져 갔다.

# 운우지정 (雲雨之情)

아득히 먼 옛날 신농의 딸 '요희'가 아직 결혼도 하지 않은 꽃다운 나이에 세상을 마치게 되었다. 그의 시신을 고요산 중턱에 장사 지냈더니 무덤가에서 노란 꽃이 피었는데 그 열매를 따 먹은 사람은 사랑에 불타게 되어 뜨거운 사랑에 빠지곤 했다.

다시 그녀의 영혼은 낮에는 구름이 되어 무산의 하늘을 맴돌다가 밤이 되면 이슬이 되어 풀잎을 적시곤 했다.

어느 날 '초나라의 희왕'이 무산 아래 운몽호에 노닐다가 잠시 잠이 들었는데 꿈에 아름다운 그녀가 나타나 "저는 무산의 구름 비를 관장하는 신인데 오늘 왕께서 오셨기에 잠시 잠자리를 모시려고 왔습니다."

하며 희왕과 뜨겁게 사랑을 나누었다.

그로부터 '운우지정' 즉 '비와 구름의 사랑'이란 말이 생겨나게 되었다. 다르게 '운우지락(雲雨之樂)' 혹은 '무산지운(巫山之雲)' 등으로 이름하기도 한다.

운우지정은 상당히 낭만적 뜻이 깃든 남녀의 사랑을 표현하는 말이며 지금도 우리가 흔히 쓰는 말이다. 초나라는 기원전 700여 년경에 있었던 나라다. 지금부터 2700여 년 전이다. 수많은 동서양의 문화가 그 시대에 기틀을 마련했듯이 이 말 역시 그러하다.

# 배출가스

우리나라도 드디어 배출가스 단속을 시작하는가 보다. 배출가스 농도가 5등급 이하 차량은 서울 시내를 들어갈 수 없게 한단다.

60여 개 카메라가 쉴 틈 없이 작동하여 위반 차량을 적발하여 빠르면 2초 평균 6초, 늦어도 10초에 위반 사실을 본인에게 통보한단다.

악천후에 시속 60㎞ 이상으로 달려도 99% 이상 차량번호를 식별한다며 차종과 차적, 사용 연료까지 알 수 있단다.

위반 차량에 부과하는 범칙금도 적지 않은 24만 원 정도라고 한다. 소규모 사업자들에겐 결코 작은 돈이 아니다.

벌과금을 물지 않으려면 조심하는 수밖에 다른 방법이 없다.

배기량 단속은 우리 자신의 건강을 위한 것이며 삶의 질 향상을 위한 절대적 방법이니 누굴 원망할 수도 원망해서도 안 된다.

이미 많은 나라에서 배기량 단속을 시작했다.

북경, 상해 등은 아예 디젤 차량 진입을 막는다는 말이 들리기도 한다.

지구의 공기 오염이 이제 심각한 수준에 이르렀기 때문에 취하지 않으면 안 되는 불가피 조치다.

사실 차량에게만 대기 오염의 책임이 있는 건 아니다.

공장에서 내뿜는 화석 연료 분진도 차량 분진에 못지 않고, 생활 속에서 배출하는 가정과 업소의 오염물 배출량도 상당하다.

심지어는 소들의 배출가스(소위 방귀)도 상당해서 다른 것들에 못지않은 양이라고 한다. 그래서 소고기 먹지 말기 운동이 일어나고 있기도 하다.

소고기를 먹기 위해선 소를 길러야 하고 소를 기르기 위해서는 소 사료를 만들어야 하고 사료를 만들기

위해서는 어마어마한 땅이 사료용 작물 재배로 소모
되어야 한단다.

　소 사료용 작물 재배를 위해 엄청난 밀림이 사라지
는가 하면 소가 뿜어내는 방귀가 차지하는 오염량도
분진 총량의 30%에 이른다고 한다.

　차제에 소고기 안 먹기 운동을 좀 더 적극적으로 펼
쳐 공기도 맑게 하고 소들의 살생도 줄이고 밀림 훼
손도 막아 일석삼조를 얻으면 어떨까?

# 48

......

# 선둥골

지금은 그 골짜기 이름조차 아는 사람이 없다. 어쩌면 칠십이 훨씬 넘은 노년들 중에 어머니나 할머니, 할아버지 등을 통해 들어서 말로만 기억하는 이들이 더러 있을지 모르겠다.

선둥골은 지금의 진해 해군 통제부가 있는 현동의 뒷산 골짜기를 말한다. 그곳에는 오랜 옛날부터 사람들이 살고 있었다. 앞에는 맑은 바다가 있어 신선한 생선들이 아침저녁 반찬을 걱정하지 않게 했고 뒤에는 성산의 산자락이 길게 드리워 물 걱정 없는 논밭이 있었다.

대대로 풍요를 일구며 살아가던 사람들은 일제의 막강 군사항 설계 계획에 밀려 보상도 없이 고향을 잃고 조상을 버리고 떠나야 했다. 그들은 그래도 고향을 멀리 떠나기 싫어 가까운 곳에 눈물의 집을 짓고 질곡의 삶을 시작했다.

그곳에는 고사리 취나물 미역초 등이 튼실한 줄기를 뽐내며 논두렁을 도열한 단풍나무 사이로 잎새를 나부끼고 있었다. 계단식 논을 가로질러 흐르는 계곡의 물줄기는 기름진 쌀을 열매 맺게 하여 메뚜기 모두뜀을 뛰게 했다.

아주 오래전의 어느 해에는 일 년에 한 번 골짜기를 열어 나물을 캐고 조상 무덤의 풀을 베게 하고 집터를 돌아보게 했었다. 도시락을 싸들고 가서 기름지고 튼실한 산나물을 캐서 한 자루 짊어지고 돌아오기도 했었다.

아무도 알지 못할 곳 선둥골 이야기를 설담원 이야기에 실었더니 생각지도 않게 어느 분이 선둥골을 안다며 댓글을 달고 기억을 적으셨다. 아무도 아는 사람이 없을 거라는 내 생각은 틀리게 되었지만 기억을 같이하는 분이 있어서 매우 반가웠다.

선둥골 뒷산은 이순신께서 왜적을 물리치기 위해 성을 쌓으신 성산이다. 지금도 성터가 문화재로 가꾸어지고 있다. 그 골짜기를 돌아가면 창원의 기산으로 돌아가서 봉암을 갈 수 있게 되는, 빠른 길이 있기도 하지만 지금은 출입이 금지되어 있다.

지금은 한두 사람 그 골짜기에 대한 작은 기억이라도 가지고 있지만 머지않아 그조차 사라지고 선등골이란 이름조차 알지 못하게 될 것이다.

그 아름답고 풍요로운 고향의 산과 들에서 빈손으로 쫓겨나야 했던 실향민들에겐 실로 가슴 아픈 일이지만 이제 군사시설은 비록 일제로 인해 시작되었지만 다시는 되돌릴 수 없는 절대 불가침의 존재다.

3 부

좋은 세상

# 49

. . . . . . . . .

# 좋은 세상

어느 날 아난이 부처님께 여쭈었다.

"세존께서 계시는 세상은 불국정토라 하는데 어찌하여 지금 이 세상은 부처님께서 계시는데 생로병사가 만연하고 전쟁과 질병이 창궐하는 세상이 이어집니까?"

세존께서 아난에게 이르시었다.

"네가 부처가 사는 정토세상을 꼭 보고 싶으냐?"

"네, 꼭 보고 싶습니다."

세존께서 짚고 계시던 주장자로 땅을 한 번 힘껏 두드리자 부처님 계시는 주변이 보기에 아름다운 황금빛으로 변했다.

부처님은 우리와 같은 사바세계를 살고 계시지만

누리시는 정도가 우리와 전혀 달랐다. 중생들은 업보에 눈이 가려져 이를 보지 못했을 뿐이다.

"아무리 많은 세월이 흘러도 지은 바 복은 없어지지 않는다."고 부처님께서 이르셨다.

죽음의 공포가 전국토를 휩쓸고, 굶주림이 전 국민을 옭아매던 인류 최악의 전쟁 육이오 중에도 배불리 먹고 편하게 살 수 있던 사람들이 있었다. 역사 이래 가장 잘사는 시대라는 지금도 끼니를 걱정하는 사람들은 있다.

그 혼란과 고통의 전쟁 통에도 수없이 쏟아지는 전쟁 부산물을 긁어모아 재빨리 돈을 만드는 잇속 밝은 이들도 있었다. 조건을 어떻게 보느냐 하는 것이 하늘과 땅의 차이를 만든다.

복은 선행을 쌓고 덕을 베푸는 데서 생겨나는 것이다. 선행은 남을 돕고 남에게 도움 주는 것을 말한다. 악행은 남을 괴롭히고 남을 고통스럽게 하는 것을 말한다. 행복한 내일을 기약하려면 반드시 오늘을 선행으로 살아야 한다.

부처님은 수없이 많은 생을 덕과 선을 쌓으며 지내셨다.

"나만큼 선행 쌓기를 좋아하는 사람은 아마 이 세상에 없을 것이다." 하셨다.

"지옥에 가더라도 지옥의 고통이 나를 얽어맬 수 없으며 극락에 가더라도 다시 더 좋아질 것도 없다."고도 하셨다.

법이 아무리 잘 만들어져도 운용하는 사람이 악인이면 그 법이 사악한 악법으로 이용된다. 반대로 아무리 법이 미비하더라도 운용하는 사람이 잘하면 선법으로 활용된다. 법이 완전해야 하는 게 아니라 사람이 완전해야 하며 세상이 완전해야 하는 게 아니라 사람이 완전해야 한다.

결국 극락과 지옥은 극락 지옥이라는 조건이 문제인 것이 아니라 지옥 같은 삶을 만들거나 극락 같은 삶을 살아가는 사람이 문제인 것이다.

지금 우리는 『새로운 법을 만들어야 한다. 만들면 안 된다.』를 시비하며 끝없는 논쟁을 벌이고 있다. 서로의 이익에 혈안이 되어 정치권이 두 갈래로 갈려져 하염없이 세월을 보내고 있다. 다수의 국민들도 정치인들에게 휩쓸려 두 갈래로 갈라져 서로를 적으로 여기고 있다.

국가를 경영한다는 정치인들이 국가는 없고 자신의 영달과 당의 이익에 매몰되어 있으니 어떤 법인들 온전하게 집행되랴? 저런 이들에게 아무리 좋은 법이 만들어진들 무슨 소용이 있겠는가?

우리 속담에 '벼슬 못할 놈을 벼슬아치 만들어 놓으니 관이 절로 벌어진다.'는 말이 있다. 어디에 있더라도 제 지은 바 업은 피할 수 없어서 환경이나 조건을 능히 이겨낸다는 것이다.

붓다의 중요 가르치심이 '지은 대로 받는다(受業受生)'에 있음을 정확하게 파악해야 한다. '지은 대로 받음'이란 어떤 세상에서도 자신이 만든 업은 절대 피할 수 없음을 말한다. 저마다의 노력이, 저마다의 업이 조건이나 환경을 만들어 감은 누구도 피할 수 없다.

죄 많은 사람은 극락에 데려다 놓아도 극락이 지옥으로 변하게 된다. 이는 만고불변의 진리다.

이즈음 내 아침 기도는 제발 나라와 백성이 서로 헐뜯고 질투하는 반목에서 벗어나 서로를 용납하고 서로를 이해하여 서로에게 도움이 되고 서로를 위하는 극락심이 일어나게 되기를 비는 것이다.

새해에는 모두가 미운 이를 보듬고 시기심을 오히려 선심을 쌓는 공부로 여기고 생각이 다름을 마음 공부하는 기회로 여겨서 지옥심을 버리고 극락심을 닦는 전화위복의 해가 되기를 간절히 합장한다.

# 칠면조 이야기

　미국에서는 예수 탄신일에 칠면조 고기를 먹는 관습이 전해지고 있다. 영국에서 16세기 후반에 생겨난 성공회 개혁파들인 청교도들은 그들의 철저한 금욕주의(쾌락, 사치를 죄악시했음)를 지키고 성직자 중심의 권위주의를 벗어나 자기들 신교파 왕국을 세우기 위해 신대륙 미국으로 건너갔다.

　그러나 새 땅에서는 먹을 것이 부족해 애를 먹었다. 그래도 크리스마스에는 고기를 먹으며 성탄을 축하해야 한다는 생각에 구하기 쉬운 칠면조 고기를 선택한 것이 칠면조 고기를 예수 탄신일에 먹는 관습이 생겨나게 되었다.

　불가에서는 명절이나 제사 등 기념일에는 오히려

고기 먹기를 금하고 방생으로 자비를 실천하여 모든 생명의 평등을 생활로 실천한다.

신에게 제사하기 위해 양을 죽여 바치거나 다른 생명의 고기를 먹어 기념일로 하는 기독의 풍습은, 명일에 오히려 방생하게 하고 벌레조차 죽이지 않기 위해 불자를 들고 다니며 참선하는 불가의 동체대비와는 전혀 다른 모습이다.

이른바 모든 생명을 한 몸으로 보는 불가의 대비정신과 자기 본위의 일방주의 기독 사상이 선연히 차별되는 모습이다. 기독 사상이 지배와 이용이라면 불교를 비롯한 유교 등은 공존과 조화다.

지배는 희생을 만들 수밖에 없고 이용은 복종을 강요할 수밖에 없다. 산을 허물고 강을 가로막아 사냥하고 사육해서 배부르도록 먹으며 즐겨야 한다는 생각은 군림과 지배의 종교에서 비롯된 자연관이다.

적게 먹으면서도 자연을 가꾸고 불편을 감수하고라도 생명을 소중히 하는 일체평등의 가치관이 불교를 비롯한 모든 동양의 종교관이며 자연관이다.

붓다께서 보시와 방생을 수행자가 실천해야 할 바라밀행의 첫 대목으로 삼은 것은 나보다 상대를 먼저 생각하고 함께하는 평화 실천을 최고의 가치로 삼음을 보여주는 사례다.

지배와 이용의 일방성의 삶은 희생과 파괴를 불러 역사를 고통으로 몰아넣는 패악을 저지르게 된다.

허물고 파괴하여 새 문화를 만들기에 골몰하는 서양식 현금 세계 사조는 인간들의 생활을 다소 편하게는 했지만 그 이기적 사고로 인해 지구는 점점 사람이 살 수 없는 공간으로 병들게 하고 있다. 자연을 회생불능으로 파괴하여 재앙의 지구를 만들어가고 있는 것이다.

# 51
. . . . . . . . .

# 맑은 공기

수년 전 티벳의 라싸에 있는 밀교 성지 포탈라를 돌아본 일이 있었다. 라싸는 히말라야 산자락 3,600 고지의 라싸강 지류에 있다.

나는 비행기에서 내리자마자 산소 부족에 시달려 머리가 아프고 어지러워서 걸음을 제대로 걸을 수가 없었다. 함께 간 다른 스님들도 산소 부족에 고통당하는 분이 여럿 있었다. 어떤 스님들은 현지인과 다름없이 아무렇지도 않게 지내기도 했다.

산소 부족의 고산증은 사람마다 달라서 심하게 고통당하는 이도 있고 아무렇지도 않은 이가 있기도 한다. 꼭 건강하다 해서 고산증을 겪지 않는 것도 아니고 허약하다 해서 꼭 겪는 것도 아니었다.

어쨌거나 사람 따라 다소의 차이는 있지만 맑은 공기는 사람이 살아가는 데 절대 없어서는 안 될 밥보다 중요하고 돈보다 중요한 존재다. 밥은 한두 끼 굶어도 살 수 있지만 맑은 공기는 십 분만 마시지 않아도 죽게 된다.

돈도 있으면 좋기는 하지만 없으면 없는 대로 목숨은 유지하고 지낼 수 있다. 그러나 맑은 공기는 단 십 분만 없어도 생명을 잃게 된다. 그럼에도 사람들은 돈을 벌기 위해서 돈보다 소중한 공기를 함부로 더럽히고 있다. 어리석기 짝이 없는 것이다.

맑은 공기는 비단 사람만 필요로 하는 게 아니라 세상에 존재하는 모든 생명들은 나무도 풀도 짐승도 곤충도 한결같이 필요로 한다.

공기는 대체로 질소와 산소와 이산화탄소 수증기 등으로 구성되어 있다고 한다. 공기의 대부분은 질소가 78%를 차지한다. 산소는 21%며 약간의 아르곤 이산화탄소가 있고 헬륨·네온·아르곤이 조금씩 섞인 혼합물이다.

산소와 질소의 비율은 매우 중요해서 우리가 호흡하기 알맞은 비율인 산소 21% 질소 78% 기타 아주 약간의 상태를 맑은 공기라고 한다. 만약 산소 농도가 15~19% 이하로 떨어지면 머리가 아프고 구토를 일으키며 8% 이하로 떨어지면 십분 안에 사망하게 된다고 한다.

맑은 산소의 결핍은 여러 가지 질병의 원인이 되기도 해서 각종 암이나 장기 손상 등을 일으키게 된다. 신체 각 부위는 산소가 순조롭게 공급되어야 고장을 일으키지 않고 제 기능을 발휘한다고 한다.

오늘 오전은 산에 공기가 아주 좋지 않아서 포행을 나서지 않고 집안에서 이럭저럭 운동하며 시간을 보냈다. 설담원은 특별한 경우를 제외한 대부분은 해맑은 하늘을 머리에 이고 싱그러운 산천을 두르고 지낸다.

구름 하얗게 떠 있는 맑은 하늘 아래 아침 산행을 다녀와서 겨울나무 융단처럼 덮인 굽이진 산 능선 바라보며 한 잔 차를 마시는 기분은 임금님이 부럽지 않은 충만이다. 그러나 오늘은 우리들 인간들이 흐려 놓은 하늘로 해서 아주 처진 기분이다.

그나마 오후부터는 다소 맑아질 것이라니 그를 기대하며 오늘을 희망으로 지내야겠다. 어느 하루도 맑

은 공기 만나지 못하고 오염된 공기 속에서 신음하고
있을 많은 사람들을 생각하면 대부분 맑은 공기로 지
내는 함월산 속 하루하루를 고맙게 여겨야겠다.

# 원광스님

원광스님은 부산의 어느 작은 절의 주지다. 더러 대광사 불교대학에 강의를 왔었는데 상당한 학습력을 보였고 상당한 변설을 보였다. 키도 크고 인물도 훤칠했으며 서글서글한 인품이 매우 호남형이었다.

그의 아버지도 스님이었다. 이른바 대처승인 것이다. 한국 불교에서 대처승은 이미 신라에서 시작되었다고 볼 수 있다. 삼국유사의 달달 박박과 노힐부득 이야기나, 광덕과 엄장의 이야기를 보면 그때 이미 대처승들이 있었던 것으로 짐작된다.

원효가 설총을 낳은 이야기도 단순 실수로 인한 출산이 아니라 이미 당시 사회가 대처를 인정하고 있어서 가능했던 일이 아니었나 여겨진다. 만약 그렇지 않았다면 원효가 그렇게 떳떳이 승려 생활을 할 수도 없었을 것이며 고승 행세도 불가능했을 것이다.

한국 불교의 대처승은 조선 시대에도 있었던 것으로 유추되는 기록들이 더러 보이기도 한다. '조선 불교 통사'에서는 묘향산에 승촌이 있었던 것으로 기록되어 있는데 가정을 이루고 가족이 함께 살았던 것으로 기록되어 있다.

임꺽정이라는 소설에서도 묘향산 속에는 승촌이 있는데 건달승들이 모여 살며 전국의 건달들이나 도둑들을 이끌어 의롭게 살게 하기도 하고, 나라의 위기가 있을 때 연대를 이루어 분연히 일어섰다고 기록하고 있다.

그럼에도 한국의 오늘날 대처승은 일본의 침략에서 비롯됐다. 일본의 정토 계열 진종 계열이 대처를 공식화하여 상당한 교세를 이루고 있었기에 그들이 한국 불교를 저들 세력권으로 끌어들이기 위해 총독부 권세를 이용해 압력을 행사했다.

총무원 소임이나 본사의 소임자는 총독부 승인을 받지 않으면 안 되게 했다. 소임자들은 결혼하지 않으면 소임을 맡을 수 없게 했다. 절과 불교를 살리기 위해서 결혼한 스님들도 더러 있었다.

그의 나이 아직 육십 정도에 불과한데 엊그제 적멸에 이르렀다는 연락이 왔다. 내용은 잘 알지 못하지만 자다가 심장 마비를 맞았단다. 심장 마비는 어떤 경우에도 반드시 수반되는 증상이다. 다른 질환이 있었거나 어떤 사고가 있었던 게 아닌가 의문이 든다.

근래에 아직 젊은이들이 적멸의 길을 떠나곤 하는데 더구나 정신줄 바른 쓸만한 이들이 그러는데 안타깝다. 정작 어서 가기를 고대하는 이들은 날로 드센 기세를 휘두르고 있어 세상이 왜 이렇게 옳지 못한 곳으로만 흘러가나 걱정이 된다.

어쨌거나 이미 가신 걸음이라 돌이킬 수 없을지니 가시는 걸음걸음이 서방정토에 살같이 다다라서 미타찰 맑은 국토에 무생법인 나무를 심어 종적 없는 니르바나 달디단 열매를 씹으시며 생멸 없는 적정을 누리소서!

3부 좋은 세상

# 코로나 유감

2019년 12월 31일, 첫 환자가 중국 우한(武漢)에서 시작된 코로나는 이후 67일 만에 감염자가 10만 2천 227명을 넘었다.

발원지인 중국이 8만 6백 51여 명으로 가장 많은 감염자를 내고 있고 3천70명이 넘는 사망자를 내고 있다. 중국 외의 다른 나라에서도 연속 감염자가 생기고 있어서 1만 9천400여 명의 감염자와 360여 명의 사망자가 생겼다.

한국은 2020년 3월 7일 현재 6천767명이 확진됐고 47명이 사망했으며 완치된 사람은 118명이다. 이란은 4천747명이 확진 판정을 받았고 124명이 사망했다고 보고되고 있다.

이탈리아는 3천858명이 감염되어 유럽의 가장 높은 감염국이 되었고 148명의 사망자를 내어 중국 다음으로 많은 사망자를 배출했다. 일본의 경우 크루즈선 탑승자 706명을 포함해 1천36명 감염에, 12명 사망을 기록하고 있다.

바티칸이라고 비켜 가지 않았으며, 히말라야 산속이라고 피해가지 않아서 부탄에서도 6일 첫 확진자가 발생했다.

이렇게 연일 기세를 높이고 있는 코로나는 확산 속도와 범위가 경악할 정도다. 불과 두 달여 만에 전 세계를 덮어 하늘에서는 비행기를 다닐 수 없게 하고 육지에서는 버스도 연락선도 멈추게 했다.

교회는 문을 닫아야 하고 절은 목탁을 멈추어야 했다. 식당은 물론 호텔, 극장도 폐업해야 했다. 심지어 각종 운동 경기도 관중 없이 열리다가 그마저 스톱 상태고 음악 방송도 관중 없이 하고 있다.

칠십삼 년을 사는 동안 사회 모든 현상을 멈추게 하는 이런 일은 처음 겪는다. 구십 년을 넘어 사신 어느 노인도 그러셨다는데 나로서는 더 할 말이 없다. 잠시 이야기만 나누어도 감염이 되고 잡았던 손잡이만

잡아도 감염이 되니 대체 이런 공포가 또 어디 있겠는가?

나라에서 연일 감염자를 가려내고 치료를 위한 병실을 마련하고 치료 인력을 모아 최선의 노력을 다하는 모습이지만 늘어나는 감염자를 줄이지는 못하고 있다.

세계 어느 나라보다 잘 갖추어진 의료체계로 세계인을 놀라게 하고 있지만 늘어나는 감염자를 아직도 막지는 못하고 있다.

다른 나라에 비해 탁월한 진찰 기술을 개발해서 놀라운 진찰 수를 기록하고 있는 우리 방역팀들은 지금 세계 의료인들의 선망 대상이 되고 있다.

가장 첨단 과학을 구가하고 있다는 미국에서도 연일 한국의 의료 기술과 체계를 선망하며 본받기를 정부에 연신 권유하고 있다.

어제는 어떤 노인이 돌아가셨는데 감염을 막기 위해 같이 살던 아내의 참여도 가로막고 아들딸들의 전송도 못하게 하며 삽시간에 화장했다고 한다. 가족도

형제도 참석 못 하게 하고 장례식조차 못 치루는 이
참혹한 현상을 우리가 지금 겪고 있다.

아들딸이 부모를 찾아오지도 못하게 한다. 부모 역
시 자식 집 못 가는 것은 마찬가지다. 목욕탕도 못 가
고 음식점도 갈 수 없다. 각종 회의는 물론 벚꽃 놀이
조차 취소다.

# 54

·········

# 탄황(呑皇)

당 태종이 메뚜기의 침입으로 황폐해진 나라를 다니며 비감을 삼키다가 문득 메뚜기를 한 움큼 입에 넣고 씹으며 탄식하기를

"임금인 내 죄로 가뭄이 들어 백성이 도탄에 빠졌는데 너희들은 나를 뜯어먹지 어째서 백성을 괴롭히느냐?"

그로부터 가뭄은 물러가고 메뚜기 떼도 사라졌다고 한다.

지금 전 세계가 코로나로 공포를 겪고 있다. 중국은 한고비 넘겼다지만 워낙 극심한 상황을 거친 터라 상처 회복이 쉽지 않을 듯하며 다른 나라들도 파죽지세로 번지고 있어 전전긍긍이라고 한다.

더구나 아프리카에서 시작된 메뚜기 기승이 중국을 향해 빠르게 다가오고 있다고 한다. 중국은 오리가 메뚜기를 잘 잡아먹는다고 십만 마리를 준비해서 기다리고 있다고 한다. 과연 오리로 대처가 잘 되면 다행인데 어쩐지 불안하다.

대체 어쩌자고 메르스에 사쓰에 코로나에 돼지 열병에 끊임없이 지구가 시달려야 하는지 모르겠다. 이 모든 재앙들이 인간의 오만으로 발생한 것은 아닌지 모르겠다. 더구나 앞으로 더 많은 새로운 세균들이 발생해 인류를 괴롭힐 것이라는 예언이 쏟아지고 있어 더욱 불안하다.

당 태종의 책임감과 겸손을 이 시대의 모든 이들이 배워야 하는 것 아닌가 생각한다.

탄(呑)은 머금을 탄이다. 황(皇)은 임금 황자다. '탄황'은 임금이 메뚜기를 머금었다는 뜻이다.

# 비타민 C

요즈음 어느 집을 가도 건강식품 한두 점 없는 집은 없다. 건강에 관심이 커져 몸에 좋다는 음식이나 영양제가 인기 품목이 되었다. 스님들도 건강에 관심이 높아져서 식탁에 비타민C 정도는 꼭 놓여 있다.

음식물로 섭취하기 어려운 모자라는 영양분을 정제나 건강 보조제로 섭취하려는 것인데 더러는 약성이나 각각의 성분을 알지 못해 오히려 부작용을 불러오는 경우가 있기도 하다.

오늘은 우연히 비타민C에 대한 글을 대하게 되었는데 우리가 알고 있는 상식이 실제에서 한참 벗어났음을 알게 되었다. 보통 비타민의 미리 수가 높은 것이 좋은 줄 알고 일부러 500mg보다 더 높은 1000mg먹는데 전혀 그럴 필요가 없다고 한다.

인체가 흡수할 수 있는 하루 섭취량은 400mg에 불과하다고 한다. 오백 이상 천 미리그램을 먹는 것은 개인 욕심을 채울 뿐 아무 소용이 없다고 한다. 무엇이든 알면 지혜로워지고 모르면 바보짓을 하게 된다.

나도 언젠가부터 누군가가 사주어 매일 하나씩 거르지 않고 먹으려고 애쓰고 있다. 요즈음 잊음이 잦아서 약을 먹었는지 안 먹었는지를 기억 못 해 한참을 생각하거나 그냥 먹기가 일쑤다.

일주일 그날그날의 머리 기호가 적힌 약통을 구하기도 했는데 그래도 잊음은 나아지지 않아서 하루 건너 먹기도 하고 이틀 건너 먹기도 한다.

젊은 날 나이 드신 분들이 약 많이 드시는 것을 의아하게 생각하며 생명에 대한 애착으로 여겼는데 지금 내가 그 나이 되니 눈이 부실해서, 장이 불편해서, 혈압이 높아서 등 이런저런 사유로 먹는 양이 한 움큼씩이나 된다.

어쨌거나 부지런히 챙겨 먹는 약을 따라 불편함이어서 가셔져서 가는 그날까지 아프지 않고 지내지기를 애태워 바람 드린다.

# 56
·········

# 종철 스님

그에 대해서 나는 잘 알지 못한다. 태어난 곳에 대해서나 가문에 대해서는 더욱 알지 못한다. 출가 이전의 행적이나 이력에 대해서는 따지지도 알려고도 하지 않는 것이 절집의 관행이기 때문이다.

불타의 평등 사상이 잘 지켜지진 않지만 근본은 소멸되지 않고 내려왔기 때문이다. 불가에서는 대체로 출가 이후의 생활에 대해서만 까다롭게 살피고 따지는 편이다.

그는 내가 불국사에 발을 들여놓을 무렵 석굴암에 살고 있었고 더러 들락거리며 선방을 다니거나 다른 절을 처소로 살곤 하더니 어느 해인가 인도의 붓다가야에 절을 지어 그곳 사람들을 거두고 가르치며 삼림 수행으로 지내고 있다고 했다.

　여러 차례 인도를 다니면서 그곳 아이들을 데리고 어우러 살아가는 모습을 보게 되어 차츰 관심이 가기 시작했다. 그때마다 머무는 곳에 꼭 들러 약간의 보시를 하고 오곤 했었다.

　어느 해에는 붓다가야 불탑 아래서 소년층 아이들 이십여 명이 모여 한국말로 예불드리는 칠정례를 보며 가슴이 뭉클했었는데 그이가 이끌어 가르치는 아이들이라 했다.

　기림사에 한동안 머물면서 인도를 드나들며 한국에서 돈을 모아 그곳 아이들에게 나누곤 하더니 지난해 말 느닷없이 폐암에 걸렸다며 여름에 보던 건강한 얼굴 하나 없이 말조차 하지 못하는 아주 심한 증세에 시달리고 있었다.

　서울 어느 병원에 문병을 갔더니 의사가 육 개월밖에 살지 못한다 했었다. 곧바로 언양의 정토 병원에 내려왔다기에 또 문병을 다녀왔다. 그 후 두어 달이나 지났을까? 며칠 전 임종하여 건천의 화장막에서 장례를 치루었다.

　그리 애착을 두고 드나들던 인도를 어찌 두고 떠나

는지... 뼛가루라도 인도에 가져가 뿌려달라던 간절함은 아무도 새겨들을 기미가 보이지도 않았다.

그의 나이 칠십이다. 지금 사람들 나이로는 떠나기에 합당하지 않지만 나이 따라 오고 가는 것이 아니니 어쩌랴?

보경사에서 며칠 전 덕조스님 사십구재도 지냈는데 종철스님 사십구재도 거기서 지낸다고 한다. 보경사가 문중의 어중간한 대소사를 맡아 지내는 장소로 정해졌는가 보다.

# 거꾸로 된 생각

"사람들은 죽음과 태어남에서 벗어나기를 바라면서
도 죽음과 태어남을 연신 만든다. 또 병듦과 늙음을
싫어하면서도 늘 병듦과 늙음을 만든다."

아함경에 있는 부처님 말씀이다. 죽음은 태어남에
서 만들어졌고 태어남은 태어날 업보에서 비롯되었
다. 사람들은 죽음이 싫으면서도 죽음을 피할 수 없
는 태어남의 업보를 자꾸 만들며 산다.

누군가를 미워하는 것도 태어날 업보를 만들게 되
며. 누군가를 곁에 두고 싶어 안달하는 것도 다시 태
어날 업보를 만든다.

콩 심은 곳에 콩 나고 팥 심은 곳에 팥 난다는 말이
며. 선업을 쌓으면 선한 일을 만나게 되고 악업을 지

으면 악업을 만나게 된다는 말이다. 인연은 씨를 뿌린 대로 거두는 것이다.

모래가 물을 만나고 시멘트를 만나고 사람의 손길을 만나면 콘크리트라는 구조물이 된다. 한 알의 씨앗이 흙을 만나고 물을 만나고 햇빛과 적당한 비료 성분을 만나면 거대한 나무로 자랄 수가 있다. 이것이 연기다.

이것과 저것이 만나 하나를 이루는 것이 연기며, 너와 내가 만나 인연을 만드는 것이 연기다. 어떤 노력을 기울이는가에 따라 결과가 좌우되는 것을 말한다.

집착이 태어남을 만들고 애착이 죽음을 만든다. 모든 인과와 업보는 집착과 애착에서 비롯되었음을 알아야 한다. 물질에 집착해서도 안 되고 사람에 집착해서도 안 되고 생각에 집착해서도 안 된다. 생로병사와 육도 윤회가 모두 이로 인한 것이다.

죽음을 원치 않으면 태어날 업을 짓지 말아야 한다. 태어난 자는 죽음을 절대 피할 수 없다. 버리지 못하고 놓지 못하는 애욕과 애착이 죽음의 업보를 만들고 태어남의 업보를 자꾸 만들어 끊임없이 고해를 드나들게 했다.

사람들은 자유로운 삶을 노래하면서 정작 하는 짓은 업보에 얽혀드는 짓을 한다. 무엇에건 얽히는 것은 자유로운 영혼을 방해하고. 해탈과 열반을 방해한다.

이는 다시 태어남을 끝없이 반복하게 하여 누구나가 싫어하는 죽기보다 싫은 죽음을 끝없이 반복하게 한다.

# 58

..........

# 중생사 관음상

중국 당나라 황제가 유명한 화가에게 총애하는 애첩의 초상화를 그리라 했다.

그림을 그리다가 붓을 떨어트려 아랫배에 빨간 점이 생기게 되었다. 지우려고 애를 썼지만 도무지 지울 수가 없었다. 하는 수 없이 그대로 황제에게 사실을 말하며 보였더니

여인의 배꼽 밑에 사마귀 있는 것을 어떻게 알았을까를 의심한 황제는 그를 애첩과 관계를 의심하며 죽이려 했다. 곁에서 보고 있던 화가의 인품을 잘 아는 승상이 열심히 변호하여 겨우 풀려났다.

그러나 황제가 꿈에 본 미인을 그려 올리라는 조건을 달았다. 황제가 꿈에 본 미인을 어떻게 안단 말인

가? 죽이기 위한 함정일 뿐이었다.

화가는 그가 늘 염송하는 관세음께 모든 걸 맡기고 관세음 그림을 그려 올렸다. 꿈에 본 관세음과 너무도 닮은 관음도를 본 황제는 화가가 관세음의 가피를 입은 훌륭한 사람임을 알고 그를 살려주었다.

화가는 새 불교가 일어나고 있는 신라로 가서 새 불교를 위한 씨앗을 심으리라 생각했다. 신라에 도착한 그는 중생사에 관음상을 그려 모셨다.

그가 모신 관음상은 유난히 영험해서 수많은 신앙 설화를 만들었다.

# 최은함의 아이

견훤이 신라를 공격해서 전란이 일어났을 때의 일이다. 관음께 기도해 낳은 석 달밖에 되지 않은 아이를 데리고 피난 가는 것은 자살 행위나 다름없다고 생각한 최은함은 관세음 탁자 밑에 아이를 놓고 합장으로 아뢰었다.

"당신께서 주신 아이를 전란 속에 데리고 가는 것이 너무 위험해서 당신께 맡기고 가오니 부디 잘 보살펴 주소서!"

전란이 잦아진 한 달 뒤에 허둥지둥 관음상께 달려 갔더니 방금 젖을 물린 듯 입에서 젖내나는 얼굴로 아이가 웃고 있었다.

최은함은 관음의 무한한 덕화가 현실로 나투고 있음을 감동하며 무수히 예배드렸다.

# 맞닥뜨리는 경계

어서 장마가 끝나기를 고대했지만
장마가 끝난 지금의 불볕 더위는
습기의 높은 불쾌지수 만큼이나
견디기 힘든 뜨거움이다.
살아있다는 것은 어디서도
맞닥뜨리는 경계가 있음을
처절하게 깨닫게 한다.
그렇다고 장마가 오히려
좋다는 건 아니다.
실제 올 장마는
길어도 너무 길어서
최장의 54일 기록을 세웠다.

사상 초유의 광범위 유행
코로나를 겪고 있고
사상 최악 장마도 겪고 있고
동아시아 최대 홍수도 겪었다.
신기록을 죽어라 쫓아다니는
금세기 사람들에게
자연이 주는 신기록 선물인 듯하다.
자연을 두려워 않는 인간들에게
그간에도 경고가 없지 않았지만
이번은 확실하게 내리는 자연의
경고인 듯하다.
팔월이 떠나려면 아직 보름도
더 남았는데 이 어질어질한
더위를 어떻게 견디어야 하나?

# 남의 잘못

흙 인형이 나무 인형에게 말했다.

"너는 불이 나면 금새 재가 되어 사라질 허약한 존재다."

나무 인형이 흙 인형에게 말했다.

"너야말로 허약하기 이를 데 없는 존재다.

지금이라도 물에 빠지면 흔적 없이 녹아버리지 않느냐?"

춘추 시대 제나라 맹상군에게서 생겨난 우화다.

사람들이 제 약점이나 잘못은 모르고 남의 잘못이나 약점은 노상 들추는 어리석음을 비웃는 내용이다.

요즈음 정치권을 보며 늘 이 우화를 생각하게 된다.

..........

# 추사 이야기

그는 1786년 충남 예산서 태어났다. 16세에 북학파 대가 박제가를 만나 출중한 인재임을 인정받고 24세에 청나라로 가서 당시 동방 최고 석학 옹방강과 완원을 만나 재능을 인정받으며 완당이란 호를 얻는다.

유학에도 불교에도 깊은 조예를 가졌고 서화와 금석학에도 뛰어난 안목을 보였던 그는 재주 있는 이들이 늘 그렇듯 재능을 펼칠 기회가 주어지지 않았다

불행하게도 성균관 대사성 병조참판에 올랐지만 '윤상도' 옥사에 연루되어 세 번의 귀양이 이어지고 12년을 넘게 제주도 등을 귀양살이로 보낸 뒤 말년은 학문에만 몰두하며 후학 지도에 전념했다.

죽음을 접하게 된 즈음에는 봉은사에 머물며 매일 향으로 연비하며 참회하고 기도하며 내생을 준비했다.

평소 '법화경 관세음보살보문품(관음경)'을 소책자로 직접 써서 지니고 다니며 매일 시간 나는대로 독송하여 깊은 신심으로 정진했다.

그래서 봉은사에는 그가 쓴 현판 주련이 많다.

# 황복사지

어제도 오늘도 땀범벅으로 산을 다녀왔다.

물론 그제도 그끄제도 다르지 않았다.

귀뚜라미 울음 드세지고 처서도 지났지만

하얀 구름 뚫어 내리는 햇볕 열기는 아직도

한여름이다.

오랜만에 나락 익어가는 논두렁에 에워싸인

황복사지를 들렀더니

파란 벼 이삭이 바람에 파도를 이루고 있었다.

신라 왕궁 사찰이었다는 황복사는

의상의 출가사로 알려진

왕족과 귀족들 원찰이었다.

선덕 여왕 능이 있고
사천왕사가 있고
중생사도 있는 나지막한 낭산을 등에 지고 있다.

귀족 출신이라서 왕실의 절대 비호를 받던 한때 신
라 불교를 좌우하던 의상이 출가하고 머물던 절이었
으니 상당한 규모였을 것이다.
황용사 사천왕사 등에 가려져 그닥 관심을 받지 못
했었지만 요즈음 발굴과 함께 새삼 관심 대상이 되고
있다
그러나 나락 익어가는 허허로운 벌판에 달랑 탑 하
나 서 있을 뿐 옛 영화는 어디서도 찾아볼 수 없다.

64
· · · · · · · · ·

# 절의 식량

한 스님이 중생사에서 기도 정진하고 있는데 절에
양식이 떨어졌다.

스님이 다른 절로 몸을 옮겨야겠다고 생각하고 있
었는데 스님 꿈에 관세음보살이 나타나서 조금만 기
다리라 했다.

며칠 후에 쌀을 한 수레 실은 사람들이 여러 명 와
서 마당에 쌀을 내려놓았다.

스님이 놀라 연유를 물으니

"한 스님이 와서 중생사에 양식이 떨어졌다고 시주
를 청해서 김해에서 싣고 왔다"고 했다.

"중생사에서는 한 스님도 밖으로 나간 일이 없다"고
했더니

"조금 전에 이곳까지 같이 왔다."고 했다.

그들이 법당문을 열더니 관세음보살을 가리키며

"저분이 우리를 이끌고 같이 왔다." 했다.

그 후로 김해 지방에서 매년 양식을 중생사로 보내 줬다고 한다.

# 65

.........

# 거북이와 독수리

히말라야 기슭 소나무 우람하게 가지 드리운 작은 바위틈에 거북이 한 마리가 살고 있었다. 거북이가 살고 있는 바위 위의 나무에는 독수리 한 마리도 살고 있었다. 둘은 서로를 바라보며 상대가 가진 조건을 부러워했다.

어느 날 거북이가 독수리를 보며 말했다.

"독수리야 너는 좋겠다. 하늘을 마음대로 날 수 있고 단숨에 멀리까지도 갈 수 있으니 말이다."

그러나 독수리는 거북이의 단단한 등 껍질을 부러워하며 말했다.

"너야말로 좋겠다. 그렇게 단단한 등 껍질을 가지고 있어 누구도 건드릴 수 없으며 땅에서도 오래도록 편히 쉴 수 있으니 말이다."

둘은 매일 서로를 부러워하다가 마침내 의견이 일치되어 유명한 의사를 찾아가 날개를 거북이에게 달고 등껍질을 독수리에게 달았다.

거북이는 무거운 몸 때문에 날 수가 없어서 날개만 한없이 퍼덕이다가 지쳐 죽고 말았다. 독수리 역시 무거운 등껍질을 짊어지고 연신 낑낑대다가 쓰러져 죽고 말았다.

자기가 가진 조건을 소중하게 생각하며 잘 이용하려는 노력이야말로 삶을 아름답게 하고 행복하게 하는 지혜다. 누구에게나 일정한 조건은 있고 일정한 능력도 있다. 그 조건과 능력을 잘 이용하는 사람은 성공한 인생을 만들 수 있다.

그러나 가지지 못한 것을 한탄하며 남이 가진 것을 부러워만 하는 사람은 절대 성공한 삶을 만들 수 없다.

난관을 극복해 가는 노력과 용기는 인간이 가진 가장 값진 무기이자 가장 큰 재산이다. 성장기부터 어려움을 이겨나가는 노력과 용기를 익힌 사람은 어떤 경우에도 실망하지 않고 좌절하지 않는다.

반대로 이를 익히지 못하고 성장한 사람은 작은 난관도 극복하지 못하고 남을 탓하거나 세상을 원망하며 실패한 인생을 산다. 이런 사람은 자신도 고통스럽게 살고 이웃이나 가족들도 한없이 불편하게 한다.

전에 고등학교 다니는 학생들을 대광사에서 여러 명 데리고 몇 년을 지낸 적이 있었다. 어떤 아이들은 시골에서 부모님을 도와 농사일 하면서 성장한 아이들이었다. 또 어떤 아이들은 도시에서 자라며 아무일도 하지 않고 오직 학교 다니는 것만으로 성장한 아이들이었다.

농촌에서 자라면서 여러 일을 경험하고 땀 흘리며 힘든 일도 하며 성장한 아이들은 나쁜 환경이나 조건을 만나도 당황하거나 두려워하지 않고 잘 대처해 나갔다. 반면 도시에서 공부만 하고 자란 아이들은 조그마한 변화에도 당황하고 어찌할지 몰라 허둥대곤 했다.

사람은 누구나 변화하는 세상을 맞닥뜨리며 살아야 한다. 그때마다 자기가 가진 것을 불만하고 남을 부러워하고만 있으면 역경을 이겨낼 용기도 의지도 발휘할 수 없고 극복할 방법을 찾아내지 못하고 무너진다.

'젊어 고생은 사서도 한다.'는 속담이 있다. 청소년기의 어려운 경험은 장년기 노년기를 의지와 용기 있게 살아가게 하는 좋은 경험이 된다. 속담은 선조들이 우리에게 삶을 통해 얻어진 지혜를 간추려 남겨주신 교훈이다. 깊이 새겨야 한다.

3부 좋은 세상

# 66
· · · · · · · · · ·

# 견해 차이

세계 최고 무용가 '이사도라 덩컨'이

"저와 같이 뛰어난 미모의 여자와 당신처럼 뛰어난 두뇌의 남자가 결혼해 2세를 낳으면 훌륭한 아기가 태어날 것"이라며 구혼의 편지를 세계적 석학이자 노벨 문학상 수상자인 '버나드 쇼'에게 보냈다.

편지를 받은 버나드 쇼는

"나처럼 못생긴 용모에 당신처럼 멍청한 두뇌의 아기가 태어날 수도 있지 않겠소"라며 거절했다.

같은 상황을 두고 보는 견해는 사람마다 다르다. 저마다의 관점이 다르고 저마다의 정서가 다르기 때문이다.

자기 생각만 고집하여 남을 자기 생각 속에 가두려하는 것은 다른 면을 보지 못하는 어리석음이다.

# 보살이란 말

석가님께서 수행자로 계실 때 보살이란 호칭으로 불렸다. 보살은 아직 부처가 되기 직전의 곧 부처가 되실 분에게 붙여지는 호칭이다. 일반인과 차별을 두기 위해서였다.

보살이란 호칭은 대중 불교에서 널리 쓰였으며 대중 불교가 성행하기 전에도 부처를 목적으로 불퇴전의 의지로 수행하는 이들에게 붙여졌던 호칭이다.

보살이란 호칭은 깨달음을 이룬 중생이라는 뜻으로 깨달음은 이루었지만 부처라 부르기엔 아직 수행이 부족한 이를 지칭한다. 부처를 이루기 위해 게으름 없이 수행하기에 틀림없이 부처가 될 중생이라는 것이다.

붓다께서 세상에 계실 때는 글로서 경을 전하거나 보관하지 않았다. 참으로 소중한 말씀은 글로 보관하거나 전하는 것을 매우 불경하게 생각했다. 소중한 분을 그림으로 그리거나 조각하는 것도 불경하게 여겼다. 그래서 초기 불상은 아직 부처를 이루기 전의 보살상을 그렸다.

대승 운동이 출가와 재가를 구분하지 않는 수행과 실천의 광범위한 조직과 체계를 구성했던 것처럼 보살이란 호칭에도 출가 재가의 구분이 전혀 없었다. 여성 남성의 구별도 없어서 남녀노소, 출가 재가가 평등하게 부처를 향해 나아가는 것을 목표로 한다.

대승 운동이 일어나는 원인이 출가인을 중심한 교단의 운영에 대한 반발에서였으며 재가인을 중요시하지 않는 붓다의 평등사상에 모순되는 교단 운영에 반대해서였다.

당연히 누구도 차별 두지 않는 보살 정신이 강조되었다. 대중과 더불어 깨달음을 구하고 대중을 이끌어 정토를 만들어가야 한다는 동체 대비가 강조되었다. 이 새로운 사상은 당시로서 매우 신선한 불교 운동이었으며 새로운 충격이었다.

수행의 종교라는 불교의 특성은 자기 수행에 몰입하여 자칫 대중을 외면하기 쉽다. 차별 없는 세상을 꿈꾸며 절대 평등의 대비를 실현하여 어느 누구도 차별 두지 않고 맞아주신 붓다의 모습과는 전혀 다른 모습이다.

붓다께서 열반에 드신 이후 하나하나 지적하고 이끌어줄 스승이 없어진 교단은 저마다의 수행법을 들고나와 자기 수행에 치중하여 대중을 의식할 겨를이 없었다. 그렇게 차츰 교단은 소승화하여 대중과 멀어져갔던 것이다.

대중과 함께 사회를 이끌어 승속조차 차별 없이 평등하게 수행하고 평등하게 깨달음으로 나아가는 대중 보살 사상은 당시로서 절대적 시대 요청이었다.

# 누님불

남산 동북 자락 장창곡의 신우대 우거진 숲속에 별당 아씨 같으신 부처님 한 분,

깊은 적요에 잠겨 천오백 년을 머물러 계신다.

하도 고요에 숨어 계셔서 저마다 이름 지어 감실불, 누님 부처, 할매불, 선덕여왕불 등 수많은 이름으로 불린다.

남산에는 내 각별한 사랑 받으시는 두 분 부처님이 계시는데 신선암 관음존과 이 부처님이시다.

신라 번성기 즈음인 6~7세기경에 모신 것으로 보이는 우리나라 최초의 노천 마애불일 것으로 여겨지는 분이다.

화려하지 않지만 매우 선명한 자태를 갖추셨고 투

박한 듯하지만 몹시 분명한 모습이다.

무슨 말씀인가 곧 하실 듯한 돌이 아닌 인간의 따슨 정감이 물씬 느껴지는 별당의 누님 같으신 부처님이다.

가끔 찾아뵙고 인사드리며 제법 몇십 년 세월을 지나왔기에 부처와 중생 사이로 느껴지지 않고 누이와 동생처럼 느껴진다.

언제나 그렇지만 오늘도 누군가 앞서 도착해 사탕을 올리고 떡도 올리고 경전 읽으며 기도드리고 있었다.

내가 그분 사랑하듯 다른 많은 분들도 그분께 사랑드리고 정성 드리고 기도드리는 듯하다.

봄이 오면 사탕도 올리고 찰떡도 올리고 밀감도 올리고 개나리 꽃잎도 따서 올리며 진달래 피는 주변도 청소하여 봄 참배 다시 드리리라.

## 69

## 피그말리온 효과

'피그말리온'은 세상의 여성들을 신뢰하지 못해 혼자 살기로 작정했다. 조각가였던 그는 상아로 이상적 여인상을 조각해서 살아 있는 사람을 대하듯 하며 지냈다.

자신의 이상대로 조각된 여인상에 점점 빠져들어 옷을 입히고 어루만지고 쓰다듬고 키쓰하며 결국은 사랑하게 되었다. 외출하고 돌아오면서 선물을 사다 주기도 하고 꽃을 안기기도 했다. 그러나 여인을 부드러운 요 위에 눕히고 같이 잠을 청하기도 했지만 끝내 여인상의 입술은 차가웠고 닫혀진 입은 한 마디 말이 없었다.

온기 하나 없는 여인상에 허전하고 쓸쓸한 마음 달

215

랠 길 없던 그는 여신 '아프로디테'의 성지이기도 한
자신의 고향 키프로스 섬으로 돌아가 여신 아프로디
테에게 제물을 바치고 향불을 피워 "여인상이 사람이
되게 해 달라."고 간절히 빌었다.

기도를 들은 여신 '아프로디테'가 제단의 불을 허공
에 던져 피그말리온의 여인상에 온기가 들어가게 했
다. 집으로 돌아온 피그말리온은 얼른 조각상에 입을
맞췄다. 차가웠던 입술에서 온기가 느껴졌다. 가슴에
손을 대자 심장 뛰는 게 느껴졌다.

이후 간절히 원하면 이루어진다는 것을 피그말리온
효과라고 부르게 되었다. 우리 말로는 기대효과라 한
다. 불가에서 이미 오래 시행해 온 기도법이 이에 해
당한다 하겠으며 깨달음을 이루고 지혜로운 삶을 지
향해 나아가는 혼신의 수행법이 이에 해당한다 할 것
이다.

# 70

·········

# 나무 열매

수타장자에겐 맛나는 과일나무 한 그루가 있었다.

열매가 익어갈 무렵에 귀한 손님을 청해 대접하곤 했다.

어느 해에 손님을 청해 대접하기 위해 열매를 따려는데 나무가 높아져 도무지 딸 수가 없었다.

이리저리 애쓰다가 그는 나무를 베어서 열매를 땄다.

그는 결국 그 열매를 다시는 얻을 수 없게 되었다.

아무리 힘들어도 해서는 안 되는 일이 있다는 것을 깨우치시는 아함경 말씀이다.

지금 당장 해결해야겠다는 생각에만 몰두해서 내일을 잃게 되는 어리석은 짓을 하는 사람은 많다.

# 4 부

## 보살이 사는 법

# 팃사비구

비구 '팃사'는 늙은 나이에 출가했다.

석가님의 고모 아들이기도 해서 왕족 출신이란 자부심이 강했고 부처님 가까운 친척이라는 우쭐하는 마음도 높았다.

어느 날 선배뻘 스님들이 그에게 가까이 왔지만 일어나 맞이하지도 않았고 먼저 인사하지도 않았다.

더구나 방 한가운데 앉아서 자리를 비켜주지도 않고 거만하게 맞이했다.

손님으로 왔던 스님들이 나이도 많아 보이고 어른처럼 행동하는 그를 큰스님으로 여기고 먼저 큰절을 하고 다리를 주물러 주었다.

이런저런 이야기 끝에 그가 아직 신참 비구이며 수행력도 높지 않음을 알게 된 스님들이 그를 매우 꾸짖었다.

화가 크게 난 팃사는 부처님께 달려가 저들을 혼내줄 것을 말씀드리고 자기는 공경받는 게 당연하다고 주장했다.

부처님께서 팃사에게 물으셨다.

'선배 스님들에게 먼저 인사했느냐?'

'스스로 자리를 양보했느냐?'

'피곤한 스님들 피로를 풀어드렸느냐?'

'마실 물을 드렸느냐?'

모두 그렇게 하지 않았음을 아신 부처님께서 팃사를 오히려 나무라시며 잘못을 참회하게 하셨다.

그러면서 비구 스님들에게 팃사를 미워하지 말고 가엾이 여기라 하시며 다음의 게송을 설하셨다.

'미움을 담아두면 오래도록
  남아있게 된다.
 미움을 당장 털어버리면
  바로 사라지게 된다.'

중생의 얄팍한 공명심은 예나 지금이나 같다.

부처님 친척이라고, 왕족이라고 대접받기를 바랐다니 말이다.

부처님께서도 꽤나 걱정되셨겠다.

그 심정 충분히 이해됩니다. 부처님!

# 아도 스님

고구려 여인 고도령이 중국 위나라 사신 아굴마를 시중들다가 서로 마음이 맞아 아들을 낳았다. 아굴마의 '아'와 고도령의 '도'를 따서 아이의 이름을 '아도'라 했다.

성장하여 열여섯이 되자 아비에 대해 궁금해진 아도는 어미에게서 아비를 알게 되어 위나라로 아비를 찾아갔더니 아굴마는 이미 다른 가정을 가지고 높은 벼슬에 있어 발길을 돌려 절로 들어가 고승 현창화상 문하에서 불법을 익혀 고구려로 돌아와 어머니를 만났다.

어미가 말하길,

"새 불법이 일어날 새로운 땅 신라로 들어가 불법을 전하도록 하라."했다.

이들 모자는 처음부터 예사롭지 않은 이들이다. 어머니가 아들에게 나아갈 길을 엄숙히 가르치는 것도 그렇고 아도가 젊은 나이에도 예사롭지 않은 활동을 펼치는 것도 그렇다.

신라로 들어온 아도는 구미 도개면에 덕이 높고 재산도 많은 모례 장자의 집에 가서 몇 년간 머슴 노릇을 자청하여 농사일을 도우며 쉬는 사이사이 사람들을 모아 불법을 전했다.

당시 신라는 신라 눌지왕(417~458) 때인데 산신 용왕 등 자연 신앙을 깊이 믿어 다른 신앙에 대한 저항이 매우 강했다. 그래서 백제나 고구려보다 불교의 전파가 백 년 이상 늦었으며 불법 전파에도 많은 어려움이 있었다.

구미의 모례네 집에 숨어 몰래 포교하고 있을 즈음에 신라의 성국공주가 병이 나서 백약이 무효였다. 사방으로 명의를 구하는 중, 모례네에 신이한 스님이 있다는 소리를 듣고 찾아와 병 고쳐주기를 청했다.

궁궐로 간 아도는 향을 피우고 비밀한 주력으로 기

도하여 공주의 병을 낫게 했다. 감동한 왕이 절을 짓게 하고 불법을 전하게 했다. 이로부터 흥륜사가 지어지고 이어 다른 절들도 지어진 것으로 보인다.

아도 스님이 지었다는 절은 원효스님 창건 설화처럼 엄청나게 많은 것으로 전해지는데 선암사, 직지사, 대흥사, 도리사, 대원사, 건봉사, 등 큼직한 절들과 다른 작은 절들도 여럿이 있다.

묵호자와 아도가 같은가 다른가에 대한 논란도 상당한데 아도 아두(阿頭)라는 말은 당시 머리 깎은 스님들을 지칭하는 말이라는 설이 있으며, 흑호자 혹은 묵호자 라는 말은 검은 옷을 입은 스님이라는 일반명사라 하기도 한다.

아도와 흑호자 혹은 묵호자는 서로 다른 사람이 아니라 같은 사람을 다른 표현으로 특징을 따라 달리 부른 것이라 하기도 한다. 참고로 중국에는 검은 옷을 입은 스님들이 있기도 하다.

# 73

. . . . . . . . .

# 심원사

그 절 본래 이름은 일선사였다. 바다가 훤히 보이는 장복산 동쪽 기슭의 안민 고갯길 아래에 일선이라는 비구니가 절을 지어 한동안 운영하다가 홀연 어디론 가 떠나고 빈 절만 우두커니 있다가 도근이라는 스님 이 들어가시어 이름을 심원사라 고치고 수십 삭을 지 내셨다.

그 어른 나이 드시고 탁자 위 부처님 시봉하기에 어 려움이 있어 태고종의 다른 스님에게 물려주고 웅천 의 백일 골짜기로 몸을 옮기셨다.

떠나시는 걸음에 분재들이 무겁게 짐이 되지나 않 으셨는지 모르겠다. 워낙이 그 스님 분재를 잘하셔서 별명이 '분재 스님'이었다. 모르긴 해도 한국에서 내

4부 보살이 사는 법

노라 하는 분재가가 아니었나 짐작된다.

 우리나라에 분재 붐이 아직 일기도 전에 수많은 분재를 만드셨다. 작품성도 타의 추종을 불허하게 뛰어났다. 어느 날 강도가 들어 목에 칼을 들이대며 고가의 분재들을 강탈해가서 놀란 가슴으로 병에 시달리기도 했다.

 그 스님 토끼를 살갑게 다독여 기르셨는데 외출에서 오래도록 돌아오지 않는 주인을 기다리다 지친 토끼가 원망의 눈총을 남기고 저승길을 갔다. 안타깝게 여겨 천만 원이 넘는 거금을 들여 사십구재를 올려 주변의 고승들을 초청하여 법문도 하고 영산작법도 베푼 유명한 일화를 남기시기도 했다.

 새로 오신 스님 이름도 알지 못하지만 그 절이 오래도록 이어지길 바라고 그 스님이 진해의 교화를 일익하여 전등이 길이 이어지는 디딤돌 되기를 기원한다.

# 하늘 땅의 차이

머리카락 하나의 차이가 나중에 하늘 땅만큼의 차이를 만들 수 있다는 말이 신심명(호리유차 천지현격 毫釐有差 天地懸隔)에 있다.

처음의 작은 차이가 점차 늘어나면 나중에 하늘 땅의 간격만큼 벌어질 수 있다는 경계의 뜻으로 부지런히 노력하는 사람과 노력하지 않는 사람의 성공과 실패의 차이를 뜻하기도 한다. 처음 견해가 털끝만큼의 작은 차이라도 나중에는 엄청난 큰 차이로 벌어질 수 있음을 뜻하기도 한다.

노력은 미래를 결정짓는 절대 가치다. 끊임없이 노력하는 자의 미래는 반드시 보장된다. 그렇지 않은 게으른 자의 미래는 불확실하다. 그의 머리가 아무리 좋아도 그렇다.

 토끼는 걸음이 빠르지만 빠른 다리를 가졌다는 오만에 빠져 노력을 게을리하여 느리게 걷는 거북이에게 경주에서 지고 만다. 처음 출발은 같았지만 게으름과 오만은 같은 출발을 일등과 꼴찌라는 현격한 차이를 만든다.

 이는 노력의 중요성을 말하기도 하지만 물리적 힘의 효과를 설명하는 말이기도 하다. 세상의 어떤 변화도 원인 없이 어디서 갑자기 시작되는 것은 없다. 어디선가 무엇인가에 의해서 시작되며 그것이 파급 효과를 만들어 어떤 현상이 일어나게 한다.

 미국의 기상학자 '에드워드 노턴 로렌즈'가 1972년에 '예측 가능성'에 대해 말하면서 브라질에서의 한 나비의 날갯짓이 텍사스에 돌풍을 일으킬 수도 있다는 '나비 효과' 이론을 말했다. 처음 작은 동작도 나중에 엄청난 큰 현상을 일으킬 수 있는, 물리적 효과를 낼 수 있음을 말한 것이다.

# 75

· · · · · · · · ·

# 종민스님

아직 한참 종단을 위해 일할 수 있을 나이 육십에 그는 우리 곁을 떠났다. 종단 정치에 관해서도 적당히 관심이 있고 본사 운영에도 상당한 관심과 견해가 있어서 하고 싶은 일도 많고 주변으로 이어지는 일도 제법 많았는데 느닷없이 임종했다.

평소 당뇨 관리에 소홀해서 발가락에 이상이 있기도 했고 앓아눕기도 했는데 결국은 그로 인해 합병이 일어나고 약물 혼용으로 인한 사고가 발생해 그렇게 되었다.

욕심도 있고 의욕도 있지만 지나치지 않고 자기대로 나아갈 길을 알고 해야 할 일을 적당히 아는 소신 있는 사람이었다. 위아래를 가려 접대할 줄도 알고 사형들에게 명절 인사 빠지지 않고 챙기는 유일한 사제였다.

예로부터 쓸모 있는 사람은 일찍 세상을 뜨고, 욕이나 먹는 사리사욕에 눈먼 사람은 오래 산다더니 그 말이 틀림없는 듯하다. 그가 갔다는 말을 듣고 누군가가 대뜸 "빨리 갈 놈은 안 가고 오래 살아야 할 놈은 빨리 가네."라고 했다.

삼십여 년 전 조실스님 문하로 출가하여 한동안 소식이 없더니 십 년이나 지났을까 한 어느 날 불쑥 나타났었다. 간곡히 문중의 일원으로 드나들며 잘 지내기를 타일렀더니 그로부터 불국사 일원이 되어 총무원 소임도 많이 보고 본사 소임도 여러 차례 보았다.

스님이 되시어 타 종단 절을 운영하고 계신 그의 형님 한 분이 있어 제사도 부도도 알아 하시겠다 했다. 남겨놓은 돈이 약간 있었던 모양인데 관심 많은 이들이 알아서 처리한 듯하다. 그의 형님이 서운해했다.

며칠 전 어디선가 들려오는 소식에 불국사에 부도를 만들어 점안식 했다고 한다. 흔적 없이 와서 흔적 남기지 않고 떠나야 함을 중히 여기기에 운수 납인이라 하건만 오늘의 승가는 오고 감의 자취를 꼭 남기려 하니 무슨 일인가?

그렇게 그는 세상에서 내 기억에 기대와 아쉬움의 그림자를 남기고 홀연히 떠나갔다. 부디 일점 영명도 남지 않는 본래 무일물로 돌아가시기를 기도한다.

그가 떠난 날은 '6월 11일'이었다.

# 남의 잘못은...

"세상에는 머리도 좋고 아는 것도 많고 특별한 통찰력도 있는데 늘 외로운 사람이 있다.

이런 사람은 너무 지나치게 남을 비판하기 때문이다.

말을 잘하기도 하고 사람들과 잘 어울리기도 하는데 정작 그들과 일을 같이 도모하지 못하고 외톨이로 지내는 사람이 있다.

이런 사람은 남의 약점을 자주 폭로하기 때문이다."

주나라에 찾아온 공자를 만나 많은 이야기를 나눈 뒤 헤어지면서 들려준 노자의 말이다.

공자가 훌륭하고 좋은 가르침으로 많은 사람들에게 나아갈 방향을 제시하고 삶의 지침이 되기도 했지만 늘 잘못을 지적하고 비판하는 날카롭고 냉정함 때문에 많은 사람들에게 시기와 질투를 받았다.

이 말이 정말 맞아 떨어지는 사람들이 있다. 책을 많이 보아 아는 것도 많고 뛰어난 통찰력도 있어 더러 깜짝깜짝 놀라게 하는데 안타깝게도 그들은 아무 일도 못 하고 앙앙불락의 세월을 보내고 있다.

모두 그들의 야박한 입 때문이다. 저는 훌륭하게 살지 못하면서 남의 잘못을 용납하지 못하고 늘 비판하기 때문이다.

사람마다 그의 재주와 박학다식과 말솜씨를 칭찬하면서도 정작 그와 무슨 일을 도모하지 않으려 함은 그의 입이 상대의 허물을 들추기 때문이다.

세상에 누가 흠 없는 사람이 있으랴? 제 잘못은 아무렇지도 않게 생각하며 남의 잘못만 연신 들춘다면 결국 제 무덤을 파는 짓이다.

# 77
.........

# 강태공

서백창을 도와 주나라를 세운 강태공은 나이 70이
훌쩍 넘도록 집안일을 돌보지 않고 마누라의 노력으
로 살아가고 있었다.

먹고 살기도 힘든데 아무 하는 일 없이 낚시질만 하
고 있는 남편을 더는 기다릴 수 없어서 마누라조차
도망가버렸다.

어느 날은 고기가 하나도 잡히지 않는 것을 몹시 화
내고 있었는데 기이한 노인 한 사람이 지나가다가
"느긋하게 좀 기다려보시오." 하는 것이었다.

그 소리에 느끼는 바 있어 다시 마음을 가라앉히고
계속 낚시를 드리우자 큰 고기가 한 마리 걸려 올라
왔는데 고기 뱃속에서 "장차 귀인이 될 것이다." 하는 글이 나왔다.

그는 고기를 낚기 위해서 낚시를 드리운 것이 아니라 서백창이라는 장차 주나라를 세울 지도자를 기다리고 있었던 것이다.

부패한 은(殷)을 허물고 새로운 나라를 세우는 데 도움이 될 인재를 찾아다니던 두 사람은 드디어 강가에서 서로 만나게 된 것이다.

이로부터 서백창은 700년 주나라를 세우게 되고 칠십 년을 넘게 기다리고 기다리며 낚시를 드리우고 있던 강태공은 '궁팔십'을 면하고 비로소 '달팔십'에 접어들게 되었다.

궁팔십은 곤궁하게 팔십 년 살았다는 말이고 달팔십은 화려하게 팔십 년 살았다는 말이다. 강태공이란 이름은 그의 뛰어난 재능과 안목과 인품을 존경하여 서백창이 제 아버지의 바람을 빌어 태공망이란 존호를 올린 데에서 비롯되었다.

강태공의 160년 전설의 장수 이야기는 오래 살기 바라는 사람들에겐 큰 희망의 대상이다.

# 78

· · · · · · · · ·

# 변덕스런 날씨

무슨 날씨가 하루에도 몇 번을 구름 끼었다 해 나기를 반복하고 있다.

장마철이 지난 듯한데 비 오지 않는 날이 없고 해 안 뜨는 날이 없으니 무슨 일인지 모르겠다.

옛말에 '구 년 대수(장마)에도 해 안 뜨는 날이 없었고 칠 년 대한(가뭄)에도 비 안 오는 날 없었다.' 했는데. 그런 극단적 일기 상황이 온 것 아닌가 걱정이다.

언제나처럼 오늘 아침에도 공양 뒤 설담원 뒷길 포행을 나섰는데 나설 때는 하늘이 맑아 우산 없이 출발했는데 얼마쯤 가니 비가 쏟아져 옷을 흠뻑 적시고 돌아왔다.

하늘 맑은데 우산 가지고 나서기도 우습고 그렇다

고 노상 비를 맞으며 다니기도 불편하고 어느 장단에
춤을 추어야 할지 모르겠다.

더구나 이즈음은 땀조차 하염없이 흘러 조금만 움
직여도 옷은 땀범벅이 되곤 한다.

땀 절은 옷 매일 세탁기에 넣어 돌리기는 하지만 비
젖은 옷은 다른 옷보다 양이 현저히 많아진다.

그나마 지금은 세탁기라도 있어서 시간도 노력도
줄일 수 있어 천만다행이다.

# 79

·········

# 나들이

오늘은 진해 대광사에 가야 하는 날이다. 내일이 백중 기도 6재 날이기 때문이다. 코로나로 인해 법회가 정상으로 열리지 못하고 있고, 참석 인원의 강제 제한으로 불과 열 명의 청법중에 지나지 않지만 그래도 법요를 거를 수는 없기 때문이다.

참석 대중이 단 몇 명에 불과하더라도 설법은 이어져야 하기 때문이다. 절을 찾은 이들에게 법을 전하는 것은 승가의 제일 책무이기 때문이다.

또 사십구 일을 드리는 기도는 참석 대중이 있거나 없거나 상관없이 하루도 빠짐없이 이어지고 있기 때문이기도 하다.

며칠을 비가 오락가락하여 마음 놓고 외출하기도

어렵고 산에 오르기도 불편한데 오늘은 새벽부터 비가 내려 수백 리 먼 길 나섬에 지장 없을지 걱정이다.

칠팔 월은 만물에게 뜨거운 햇빛이 많이 부어져야 한다. 여름 햇빛이 뜨거울수록 벼가 잘 익어서 가을 수확이 풍요로워지기 때문이다.

요 몇 년 나락 수확이 줄어서 쌀 저장량이 바닥을 드러내고 있다고 한다.

나락 농사짓지 말라고 다른 작물 심기를 적극 권장하던 게 불과 이삼 년 전인데 정부 비축미가 바닥을 보이다니 정치가 대체 몇 년을 내다보지 못하고 있으니….

어쨌든 날이 좋아야 길을 나서기도 좋고 나락 수확도 늘 텐데 어서 구름 걷히고 햇빛 밝게 나오기를 바랄 뿐이다.

# 황 망

한참을 심뇌 다 긁어모아 황복사지 기행 글에 일 년
뒤의 후기를 쓰고 등록했으리라 생각하고 끝냈더니
일순에 글이 다 사라져 버렸다.

너무 허망하여 한참을 우두커니 앉았다가 이리저리
찾아보았지만 어디에도 남아있지 않았다. 인터넷을
하면서 컴퓨터를 쓰면서 가끔 겪는 일이긴 하지만 그
때마다 안타깝고 아쉬운 마음을 지울 수 없다.

세상의 어떤 무엇이든 편한 것만 있고 불편함이 없
는 것이 아님을 현상으로 깨우치는 듯하다.

삶이란 것이 싫은 사람은 없고 좋은 사람만 있는 그
런 세상 없듯이 우리가 겪는 인생사도 좋은 일과 싫
은 일이 늘 함께한다는 것은 피할 수 없다.

컴퓨터도 편리함만큼이나 허망하고 황망함이 공존
한다는 것을 알리고 있는 듯하다.

# 81

．．．．．．．．

# 찻　잔

수백 번 전투를 치르며 전투에서 많은 공을 세운 한 장군이 애지중지하는 찻잔을 가지고 있었다.

그 찻잔은 매우 이름 있는 도공이 만든 것이며 존경하는 선배에게서 선물 받은 것이었다. 언제나 그 찻잔으로 차를 마시곤 했다.

어느 날 집안 정리를 하다가 그 찻잔을 떨어트릴 뻔했다. 깜짝 놀라 찻잔을 감싸 쥐고 한참을 멍하게 앉아 있다가 생각했다.

"내가 천군만마를 질타하며 수많은 전장을 드나들며 수많은 사람을 죽이면서도 눈 하나 깜짝 안 했는데 이까짓 찻잔 하나가 뭐라고 이렇게 놀란단 말인가?" 하며 찻잔을 던져 깨트려버렸다.

4부 보살이 사는 법

무엇엔가 마음이 묶이면 다른 아무것도 생각하지 못하게 되는 게 인간의 애착심이다.

　무언가에 골똘하게 마음을 빼앗기면 옳고 그름도 모르게 되고, 좋고 나쁨도 분별치 못하게 되는 게 집착이다.

# 쿠살라

선(善)을 팔리어로는 '쿠살라(kusala)'라고 한다. 인도에는 만지면 손을 베일 수 있는 풀이 있는데 이름이 '쿠살라'이다.

좋은 일을 실천하는 선행과 손을 베일 정도의 날카로운 위험한 풀의 이름이 같은 데에는 그만한 뜻이 있다.

'쿠살라'라는 풀에 손을 베이지 않으려면 매우 조심해서 만져야 하고 상당한 기술을 발휘해야 한다.

선(쿠살라)은 착하다는 의미로도 쓰이지만 '주의하다.'로 쓰이기도 하고 '능숙하다, 유익하다'로도 쓰인다.

선을 단순하게 생각할 때 그저 남을 위해 혹은 사회

를 위해 더는 국가를 위해 자신이 행할 수 있는 좋은
노력으로만 생각할 수 있다.

  선은 인류가 발견 실천하는 가장 거룩한 삶의 방법
이지만 많은 생각과 반성과 성찰이 함께하지 않으면
자칫 선의 함정에 빠져 선을 빙자한 사회악을 저지를
수 있음을 경계함이다.

  일찍이 인도인들은 이를 깨달아 알았기에 선을 자
칫 잘못 행하면 자신의 삶에 상처를 낼 수도 있고 남
을 해롭게 하여 사회악을 저지를 수도 있음을 경계해
서 '쿠살라' 풀을 빌어 같은 이름을 선택했던 것이다.

  보통 중국이나 한국에서의 선(善)은 착할 선, 좋을
선, '좋다', '덕이 있다', '높다', '후하다', '잘 한다', '가
깝다', '상쾌하다', '씻어내다', '즐기다', '길(吉)하다',
'행복하다' 등으로 쓰이며 외에도 많은 좋은 여러 뜻
으로 사용되고 있다.

  불가에서는 선(善)이 잘 실행되어, 바르고 완전한
상태에 이르게 됨을 지혜를 갖추게 된 최적의 상태로
본다. 즉 고통에서 벗어난 완전한 행복인 열반에 이
르는 유익한 마음 상태라 할 수 있을 것이다.

  이에 반하여 불선(不善 착하지 못함)은 팔리어로 아

쿠살라(akusala)인데 선(善)이라는 쿠살라(kusala)에 부정을 뜻하는 접두사 a를 붙여서 '해롭다', 혹은 '이롭지 않다'로 쓴다.

선(善)을 행할 때 자기를 드러내기 위한 명예욕과 자랑을 위한 사업성으로 행하고 있는 건 아닌가를 맹렬히 반성해야 한다.

진정으로 필요한 사람들에게 오직 필요한 것을 제공 공양하여 저들의 기쁨과 저들의 평안을 위한 동체대비를 행하고 있는가를 날카롭게 돌아보아야 한다.

내 생각에 의한, 내 하고 싶은 일을 위한, 나의 일을 해서는 안 된다. 오직 저들을 위한, 저들이 필요로 하는 일을 해야 한다는 생각을 항상 잊어선 안 된다. 이렇게 실행되는 선행이라야 비로소 나를 상하게 하지도 않고 남을 상하게 하지도 않는 바른 선을 행하게 된다.

남이 알아주기를 바라는 선행은 보여주기식 위선적 선행이다. 보살은 남의 비난을 오히려 '인욕 바라밀'을 실천할 수 있는 기회로 여기고 고맙게 생각한다고 한다.

보조 지눌께서도 "주는 자의 마음과, 받는 자의 마

음이 일치해서 한결같이 맑아야 비로소 올바른 보시가 이루어진다.”고 하셨다. 이를 '삼륜 청정'이라 한다.

주는 자의 마음이 맑지 못하면 받는 자는 업을 받게 되고, 받는 자의 마음이 맑지 못하면 주는 자는 공덕이 이루어지지 않는다.

애써 노력하는데도 남이 알아주지 않음을 느낀다면 아직도 선에 대한 내 신념이 많이 불완전함을 알아채고 다시 마음을 다잡아야 한다.

'쿠살라'의 뜻을 되짚어 인도인들의 선행에 대한 날카로운 반성의 지혜를 본받아야 한다.

# 엑스터시

누구나가 경험할 수 있고 신앙인이 더러 경험할 수 있는 초월적 신비로운 경험을 '엑스터시'라고 한다.

많은 종교는 엑스터시의 경험을 강조한다. 기도나 강한 믿음을 통한 신비로운 경험은 모두가 가능한 건 아니지만 그 경계를 경험할 만한 노력을 하는 사람에겐 가능하다.

많은 사람들은 본인 노력보다 월등한, 큰 초현실적 힘이 자기에게 일어나길 기대한다.

그래서 여타 종교가 전혀 초월적 무형의 존재인 신에 의존하도록 유도하고 있으며 실제로 신비의 경험은 가능하기도 하다.

초월적 경험이 신을 통해서만 가능한 것은 아니다.

자신의 노력이나 수행을 통해서도 가능하며 기도나 신앙의 노력을 통해서도 가능하다.

그럼에도 불구하고 불교는 초월적 힘에 침잠하는 것을 매우 경계한다.

자기 삶은 다른 무엇에 의해 결정 좌우될 수 없으며 온전히 자기가 자기 주인이기에 자기에 의해 결정됨을 강조한다.

이를 일러 연기라 한다. 오늘의 행위가 내일을 결정하고 어제의 삶이 오늘을 만든다는 것이다. 이는 누구도 부정할 수 없는 절대불변의 우주 진리다.

사람이 가진 힘은 경우에 따라서 우리가 아는 것보다 훨씬 크고 신비로울 수 있다. 이의 경험은 초월적 무한성이라서 소위 '엑스터시'로 불린다.

오랜 세월 일관되게 일념을 유지하여 참선한 선승들이 이루어낸 정신세계는 무한하다. 좀처럼 자기 세계를 드러내지 않지만 그는 전후사를 꿰뚫는 예지의 엑스터시를 발할 수 있다.

기나긴 세월을 무릎이 닳도록 절하며 오롯이 일념으로 기도한 높은 정신세계를 갖추신 수행승들도 일반적 모습이 아닌 초월의 엑스터시를 더러 보여주기도 한다.

그럼에도 그들은 그 초월적 능력을 절대 보이려 하지 않는다.

붓다께서 이를 매우 금하셨기 때문이다.

초월성의 능력은 칼과 같다. 아이가 칼을 가지면 매우 위험하다.

충분히 자기를 제어 조절할 수 있는 사람이 아니면 막대한 힘의 사용은 자칫 남에게 피해를 줄 수도, 자기를 위험에 빠지게 할 수도 있다.

제바달다가 부처님께 신통 가르쳐주기를 청했지만 그의 설익은 수행을 염려하여 가르쳐주지 않자 다른 고승에게서 신통을 배운 그는 신통력을 이용해 '아자타 삿투' 왕을 꼬드겨 아버지에게서 왕권을 빼앗게 하고 결국은 아버지를 죽이게까지 하게 한다.

제바달다는 왕과 더불어 부처님께 반란을 꾀해 교단을 손아귀에 쥐려 했지만 결국은 산 채로 벌을 받아 지옥에 떨어지고 만다.

아자타왕도 잘못을 뼈저리게 깨닫고 그를 등지고 잘못을 참회하며 부처님의 독실한 제자가 되어 남은 생을 속죄로 지낸다.

아직 성숙하지 못한 인격자가 막대한 권력을 쥐게 되면 자칫 사회를 도탄에 빠트릴 수도 있고 자신을 고통 속에 몰아넣을 수도 있다.

머지않아 선거가 있을 예정인데 우리의 투표가 자칫 감정에 치우쳐 설익은 후보를 뽑게 되어 나라를 도탄에 빠트리게 되지는 않을지 걱정이다.

너무 편 가르기에 치중하는 우리 사회 현실이 걱정하지 않을 수 없게 한다.

어떤 상황에 몰입해서 흥분상태에 빠지면 그 상황 최면에 걸리게 되어 옳고 그름을 분별하지 못하게 된다.

엑스터시(신앙적 신비의 체험)의 신비로운 신앙 체험은 경험하지 못했던 미지의 세계로 이끌어 환희를 느끼게 하기도 하지만 나로 하여금 이성을 잃게 하여 자칫 편협한 악에 빠지게 할 수도 있음을 잊어선 안 된다.

# 정치의 부재 시대

우리 몸에는 존재의 이유가 아직 밝혀지지 않은 세포나 장기들이 존재한다. 이를테면 맹장이나 피부의 주근깨 등이다. 이들의 필요 용도가 언젠가 밝혀질지 모르지만 아직은 왜 있는지를 알지 못한다.

그러면서도 그 세포들이나 장기들은 우리 몸의 중요 위치를 일부 점하고 중요 구성 요소에 포함되어 엄연히 존재한다.

감히 그 수를 셀 수 없을 정도의 수많은 물체가 존재하는 것이 우주며, 수없이 다양한 모양새의 물체들이 존재하는 것이 우주다.

우리 몸속에 존재하는 세포와 장기도 우주의 다양성만큼이나 많은 각기 다른 모양과 다른 성질의 조직이나 세포가 존재하기에 우리 몸을 작은 우주라고 한다.

우리는 늘 필요성과 불필요성을 나누며 필요하다고 생각되는 것은 잘 간직하려 하고 불필요하다고 생각되는 것은 버리려고 한다.

그러나 필요성과 불필요성은 엄밀히 말하면 지극히 주관적이고, 지극히 편협하며, 시대나 장소에 따른 선택의 한계를 가진다.

다시 말해 지금 불필요하다고 판단하는 것이 다른 날 필요한 것으로 판단 될 수도 있다는 말이다.

어쩌면 지금 우리가 별 필요성을 발견하지 못하고 있는 맹장이나 주근깨가 언젠가 무슨 이유로 있게 된 건지 밝혀질 날이 올 수도 있다.

민주 사회는 다양성의 사회다. 저마다의 특성과 저마다의 장기와, 저마다의 능력에 따른 다양한 소리를 내고 다양한 솜씨를 발휘하여 큰 어우름의 세상을 만들어가야 한다. 그렇게 이루어진 사회라야 거친 비바람에도 흔들리지 않는 튼튼한 사회가 이루어진다.

중국의 전국시대에 제나라의 맹상군이 진나라 소왕에게 잡혀 구금되어 있을 때 닭 울음소리 잘 내는 사람의 덕을 보고 도둑질 잘하는 사람의 덕을 보아 죽임을 당할 절체절명의 위기에서 벗어났다는 '계명구도鷄鳴狗盜'는 유명한 이야기다.

사람의 능력과 재주를 따라 적재적소에 배치할 줄 아는 사람이 지도자로서 자격을 갖춘 사람이다. 도둑질 잘하는 사람과 닭 울음 잘 내는 사람 등 보잘것없는 재주를 가진 사람도 잘 이용하면 꼭 필요한 곳에 쓸 수 있는데 하물며 다른 사람이랴?

'부처와 중생이 동락하고 선사와 도둑이 함께 어우르는 세상을 화장세계'라고 화엄경에서는 설파한다.

우리는 도둑이 없는 사회를 매양 꿈꾸지만 절대로 도둑이 없는 사회는 있을 수 없다. 도둑은 가진 자들 소위 선민들이 나누지 않아서 생긴 파생악이다.

도둑이 개과천선하면 누구보다 훌륭한 성인이 될 수 있다. 감동의 스토리는 바로 여기에서 만들어진다. 국가는 도둑을 제거하는 데 힘을 쓸 것이 아니라 도둑이 개과천선하는 데 힘을 쓰며 그 방법을 찾아 부단히 노력하는 포용 정치를 해야 한다.

지금 우리는 상대의 잘못을 찾기 위해 혈안이 되어 있는 자기의 정치적 주관은 거의 없는 정치인 부재 시대를 살고 있다. 남의 잘못을 헐뜯는 것으로 권력을 잡으려는 소인배들만 득실거리고 있다.

상대가 어떻든 상관없이 내 정치 노선과 내 나아갈 바를 선명히 하는 소신 있는 정치인이 없다. 이는 국가적 불행이며 국민적 불행이다. 다름을 인정하고 반대 의견을 이해하려고 노력하고 다른 의견을 대화로 풀어가려고 노력하는 통 큰 정치가 저 광활한 우주를 본뜬 소우주의 몸을 다스리는 우리가 살아가야 할 방법이다.

# 투가리 속 청국장

오늘은 청국장을 투가리에 보글보글 끓여 온 집안
을 청국장 냄새로 덮어씌웠다. 사실 청국장 냄새가
그리 좋은 느낌을 주는 것은 아니다. 그럼에도 불구
하고 청국장 냄새를 맡게 되면 육십 대 이상 연령대
는 너나없이 입에 침이 고인다.

그리 지독한 냄새가 나는 청국장이 어째서 어느 날
부턴가 구수한 냄새로 바뀌고 입에 침이 고이는지 신
기한 노릇이다.

나도 젊을 때는 청국장을 그리 좋아하지 않았다. 냄
새가 워낙 지독하게 느껴졌고 텁텁한 식감이 구미를
자극하지 않았었다.

대부분의 한국 사람들은 젊을 때 전통 한국 음식을

싫어하다가 나이 들면서 차츰 전통 음식인 김치 청국장 젓갈(주로 냄새 나는 것들) 등을 좋아하게 된다. 확실한 과학적 근거로 설명할 수는 없지만 아마 한국인의 몸에 오랜 세월 전해진 유전자 때문일 것이다.

조상으로부터 물려받은 수천 년 수백 년 이어진 유전자다. 그러기에 내 몸은 내 몸이면서 조상의 몸이 함께하고 있는 것이다. 수천 년 수백 년이 흘러도 유전자는 이어지는 것이라서 앞으로 수백 년 수천 년이 다시 흘러도 전해지게 된다.

후손들의 몸속에 내 유전자가 들어있기 때문에 그들의 몸속에 내가 일부 들어있는 것이다. 즉 내 몸은 내 몸이면서 조상들의 몸이며, 더불어 후손들의 몸도 그들의 몸이면서 내 몸이기도 한 것이다.

유전자는 과학 용어로는 '유전 정보 단위'라고 한다. 사람의 세포핵 속에 들어있는 3만 개에서 1만 5천 개에 이르는 유전자는 각 종족의 특질과 각 인류의 특정 모양을 전하는 정보적 유전 종자인 셈이다.

# 원 인

오조에게서 의발을 전수받은 혜능이 당시 중국의
변방 오지였던 광동성의 광주로 내려가 교단 법통을
이은 그를 시기하는 세력들 추적을 피해 십오 년을
숨어지냈다. 그가 어느 날 광주 법성사에 들리게 되
었는데 마침 법당에서 한참 열반경 법회가 열리고 있
었다. 마당에서 젊은 스님들이 펄럭이는 깃발을 보며
논쟁을 벌이고 있었다.

"저것은 깃발이 움직이는 것이다."

"아니다. 바람이 움직이는 것이다."

곁에서 가만히 듣고 있던 혜능이 말했다.

"저것은 깃발도 바람도 아닌 마음이 펄럭이는 것이
다."

풍동, 기동, 심동의 '삼동' 이야기는 육조의 깨달음 관점을 설명하는 유명한 일화다.

세상을 어떤 관점에서 바라보느냐는 매우 중요하다. 정확하게 옳게 보느냐? 옳지 못하게 잘못 보느냐로 판가름 되기 때문이다.

# 87

## 목민심서

국민으로부터 위임받은 권력을 자신의 한풀이로 쓰면 역사 앞에 죄인이 된다. 국민이 위임한 권력은 나라의 안위와 백성의 이익을 위해서만 써야 한다.

개인의 이익이나 개인의 명예는 국가와 백성을 위해 철저히 희생해야 한다. 이를 선공후사라 한다.

이미 오래전 선조들이 정치를 어떻게 해야 하는지를, 어떤 마음가짐으로 권력을 써야 하는지를 세밀하게 살피고 자세하게 관찰해서 글로 남기신 사례가 많다.

대표적인 글이 "다산의 목민심서"다. 목민심서의 가르침을 훌륭히 실천했던 사례가 엉뚱하게도 "월남의 호치민"이었다. 그가 죽어 이미 칠십 년에 이르는데 아직도 그를 "호 아저씨"로 부르며 월남 사람들은 국부로 존경하고 있다.

사람을 뽑을 때 친소, 호오, 원근의 감정으로 뽑아서 안 되지만 아직도 지역감정, 당리당략, 진보 보수에 깊이 가두어진 어리석은 이기심으로 사람을 뽑고 있다. 그렇게 뽑힌 그들에게서 객관성 당위성 선공후사를 기대할 수가 없다.

그들을 나무라기 전에 내 잘못을 먼저 반성해야 한다. 벌써 투표한 손을 자르고 싶다는 말이 나오고 있다.

"벼슬이 높아질수록 마음을 낮게 가져야 하고 급료가 많아질수록 정의를 먼저 생각해야 한다."는 공자의 제자 안자의 말씀을 금과옥조로 삼아야 할 것이다.

개인의 친소에 치우쳐 인재를 선택한 항우는 여러 가지 유리한 조건에도 불구하고 아무런 공도 이루지 못한 망한 지도자가 되었지만, 냉정히 개인감정을 억제하고 능력 있는 인재를 공정하게 선택한 유방은 한 나라를 세우는 성공한 왕이 되었다.

국가 권력을 절대 개인의 한풀이나 개인의 이해관

계로 사용해선 안 된다. 이런 인재의 선택으로는 절대 성공한 대통령이 될 수 없다.

실패한 앞 정권들은 이를 지키지 않았기 때문에 실패한 대통령이 되고 말았음을 절대 명심해야 한다. 우리가 선출한 새 대통령이 부디 실패한 대통령이 되지 않기를 바란다.

88
·········

# 데스노트

오늘 아침 신문에서 눈을 아프게 하는 문장은 '데스
노트'였다. 정의당이 윤 당선인이 지명한 각료들 중
탈락시켜야 할 인사 명단을 말한 내용이었다.

데스노트의 뜻을 정확히 알고 싶어서 사전을 찾아
보니 '죽음의 명단'이라는 끔찍한 뜻으로 설명되어 있
다.

언론이 이렇게 자극적인 무서운 말을 아무렇지도
않게 쓴다는 게 너무 걱정스럽다. 요즈음 신문이나
방송에서는 이해하기 쉽고 편한 우리 말을 두고 굳이
어렵고 낯선 외래어를 많이 쓴다. 외래어를 많이 쓰
는 게 마치 쓰는 이의 품격을 높이는 일이라도 되는
양 뽐내듯 쓴다.

글을 쓰는 사람은 누구라도 쉽게 읽고 쉽게 이해할 수 있는 글을 써야 한다. 특히 신문이나 방송은 특정 계층만을 위한 것이 아니기에 남녀노소 누구라도 편하게 읽고 볼 수 있게 써야 한다.

일상에 쓰이는 말이 정신에 미치는 영향을 생각지 않으면 안 된다. 말은 쓰는 본인도 제 말에 굴복되지만 듣는 주변도 무의식중에 젖어들게 된다.

수많은 사회 대중이 듣고 보는 방송이나 신문은 국민 정서에 절대적 영향을 미친다는 것을 깊게 인식해야 한다.

선거 기간 동안 그렇게 자극적인 말로 상대 흠집을 잡고 도발적 표현을 해서 우리를 질리게 하더니 그 저급한 표현은 아직도 계속되고 있다. 외국 신문들로부터 최악의 저질 선거가 한국에서 치뤄지고 있다는 기사가 써지게 해서 망신을 당했으면 더는 그러지 말아야 하지 않겠는가?

신문이나 방송의 사회적 책임은 아이들을 가르치는 선생님이나 종교의 성직자나 정치인에 못지 않게 크다.

사회 대중이 접하는 빈도를 생각하면 어떤 부류보

다 많은 비중을 차지한다. 따라서 신문 방송은 사회 대중을 이끄는 절대적 존재라 할 수 있다.

당연히 그에 따른 책임도 크다. 제 하는 일에 책임감을 가지는 것은 하는 일에 긍지와 보람을 가지게 한다. 이를 장인정신이라 할 것이다. 사람은 누구나 하는 일로 해서 자기 가치가 만들어지고 삶의 보람이 만들어진다.

제발 방송이나 신문이 좋은 말을 쓰기 바라며 여야 정치인들이 부드러운 말, 신선한 말을 주고받기 바란다. 그래서 우리 사회가 그들로 해서 좋은 말, 부드러운 말을 쓰게 되면 좋겠다.

# 향공양

이 세상 어떤 존재에게도 해를 끼치지 않고 서로 존
중하며 잘 어우러져 살아야 함을 강조하여 정해진 것
이 불타의 계율이다.

하늘 땅 모든 만물에 대한 깊은 사랑을 계율로 정하
신 것이다.

한 송이 꽃조차 함부로 꺾어서는 안 된다는 것이 상
호 존중이다. 아무 저항도 하지 못하는 무정물에 불
과한 꽃이지만 제 생명을 소중히 여김은 사람과 다르
지 않다.

상대에 대한 배려가 없는 사랑은 이미 사랑이 아니
다. 비록 식물이나 정물에 지나지 않을지라도 대상에
대한 배려는 당연히 있어야 한다.

나무와 풀과 돌과 산과 바다는 우리가 함께 살아야 할 매우 소중한 존재다. 함께 살아야 한다는 것은 그들이 없으면 나도 살아갈 수 없다는 것을 말한다. 모든 종교 행사에는 꽃이 쓰인다. 불가의 의례에도 꽃은 중요 공양물 중 하나다.

그러나 달마께선 형식적 꽃 공양을 경계하신 글을 관심론에 남기셨다.

"아름다운 마음을 올리는 것이 진정한 꽃 공양이며, 향기로운 행위를 올리는 것이 진정한 꽃 공양이다." 라고 하셨다.

"금은으로 세상을 가득 채워 공양한다 해도 얼굴 가득 웃음을 머금어 사람을 편안하게 하는 것만 못하다" 하셨고, "가르치심을 정성껏 사람들에게 전하는 공덕에 미치지 못한다" 하셨다.

이렇게 진정성 깊은 말씀은 어디에서도 만날 수 없을 것이다. 향을 사루고, 꽃을 바치고, 쌀을 올리는 형식적 절차에 천착하는 일반의 의례를 결코 부정하지 않지만 보다 가치 있는 공양은 정성에 있음을 깨우치신 것이다.

상호 존중이 진정한 사랑이며 서로 진심을 다해 배

려하는 것이 참사랑임을 말씀하신 것이다. 나를 먼저 생각하고 상대를 뒤로 미루는 이기심이 우리에게는 있다.

절차나 형식에 치우쳐 비싼 꽃을 구해 공양하려고 애쓰고, 희귀한 향이나 과일 등을 사서 공양하려고 애쓸 것이 아니라 부지런히 보시해서 자비를 실천하고 열심히 공부해서 말씀 전해주면 더 나은 공양 공덕을 이루게 된다.

# 90
·········

## 책 이야기

살아있는 사람은 어떤 일이든 해야 한다고 생각하기에 내 앞에 오는 어떤 일도 애써 거부하지 않았다.

잘 사는 인간이기를 바라지 않았고, 이름 나기를 바라지 않았다. 남의 앞에 나서기를 바라지도 않았고 남의 눈총받는 존재가 되기도 바라지 않았다.

내게 주어진 일을 한 번도 거부하지 않았지만 주어진 일을 혼신을 다해 해냈다. 더불어 그 일로 내 이름이 드러나기를 원하지도 않았고 댓가를 바라지도 않았다.

세상에 태어난 하나의 존재로서 존재 값을 하기 위해서는 무언가 일을 하지 않으면 안 된다고 생각했다. 무언가 일을 하지 않으면 존재 가치를 못 하는 것

이며 존재 자체가 세상 쓰레기가 될 뿐이라는 생각을
해서였다.

나를 관리(콘트롤)하기 위한 방법으로 나는 어린 시
절부터 글쓰기를 손에서 놓지 않았다. 물론 글 읽는
것도 줄기차게 계속해 왔다. 누군가에게 보여주기 위
해서가 아니었고 누군가를 대상으로 해서 쓰는 것도
아니었다.

시 작법을 따로 익히지 않은 나로서 시를 쓴다는 게
부담스럽기도 했지만 선사들의 절절하신 말씀 속에
젖어서 오랜 세월 지나왔기에 못지않는 신앙의 간절
함을 글로 표하고 싶었다.

줄기찬 글쓰기와 글 읽기는 내 삶의 기둥이었고, 내
삶의 지침이었다. 시간이 지나며 내 글을 필요로 하
는 경우가 생기게 되어 더러는 법요집으로 더러는 독
송본으로 엮어지기도 했다. 더 나아가 시로 표현되기
도 하여 보는 이들의 감성을 자극하기도 했다.

그래도 세상의 쓰레기를 만드는 수많은 명예욕의
글들이 많아서 그들의 뒤를 따르는 어리석은 짓은 결
단코 하지 않으리라는 다짐을 하고 또 했다. "세상일
참 뜻대로 되지 않는다." 그 뜻 다 꺾고 결국은 여러 권 책을 내게 되었으니 말이다. 참으로 내게 부끄럽고 미안한 책과 연관된 일이다. 오늘도 종일을 그 일로 되풀이하여 휘돌았다.

대광사에서 대광사 관리를 위해 만들었던 인터넷 카페를 주지 내려놓은 이후로도 멈추지 않고 글을 올렸었다. 글쓰기를 놓지 않기 위해서였고 다소 함께하던 이웃들과 말씀 공유하기 위해서였다.

부처님 말씀 전하는 일이 내 필생의 할 일이다. 부처님 말씀 깊게 이해하고 기억하는 일도 매우 힘써야 할 내 일이다. 글 읽고 글 쓰는 일에서 손을 놓을 수 없는 절대 이유다. 말씀 전하는 일에 내 작은 역할이라도 보탤 수만 있다면 다른 아무것도 돌아볼 겨를이 없었다.

그런저런 이유를 달아서 오늘도 나는 책 만드는 이들의 부추김에 휘둘려 그 언저리를 다리 아프도록 맴돌다가 왔다. 중이 거리를 쏘다니는 것은 이래저래 도무지 어울리지 않는 일이다. 피곤하기 이를 데 없는 일이다.

# 나마스테

히말라야 산을 위주로 펼쳐져 있는 인도, 네팔, 티베트, 파키스탄, 아프가니스탄 등은 한결같이 같은 인사법을 쓴다. 즉 "나마스테"가 그것이다.

이들 나라들은 위치도 나라도 인종도 쓰는 언어도 다른데 어째서 한결같이 나마스테라는 인사말을 쓰는 것일까?

'나마스테'라는 인사말에는 종족을 초월하고 지역을 초월하고 종교조차 초월할 정도의 산을 신성시하고 인간의 영혼을 존중하는 깊은 믿음의 뜻이 담겨져 있어서다.

모든 종교의 근원이 사람의 존중에 있고, 산과 땅과 하늘을 존중하는 데 있음을 감안한다면 인류 공통의 바람일 수 있는 '나마스테'는 만국 공통 인사말이 될 가치가 있다.

누구에게나 성스러운 영혼의 신성성은 있다. 그 신성성은 쓰기에 따라 석가가 될 수도 있고 중생이 될 수도 있다. 더러는 산 같은 위엄을 지닐 수도 있고 바다 같은 깊이를 보일 수도 있다.

나마스테는 "내 안에 있는 신성한 영혼이 당신의 신성한 영혼에 존중의 인사를 드립니다."하는 거룩한 자기 존중과 상대의 존중 인사라고 할 수 있다.

사람이 사람을 존중하는 서로 믿고 받드는 그런 사회를 위한 인사법으로 알맞은 인사라 한다.

역시 사람을 최상의 가치로 여기는 부처님을 탄생시킨 히말라야에서 생겨날 법한 인사말이다.

# 보살이 사는 법

사랑은 누군가에게 관심과 보살핌을 받는 것이지만 그 관심과 보살핌은 내게서 비롯된다는 것을 알아야 한다.

내가 주지 않은 사랑은 누구에게서도 기대할 수 없다는 말이다.

법화경의 "일체중생 희견 보살"은 세상 어떤 사람에게도 감사와 기쁨을 주는 원력으로 사는 분이다.

남에게 기쁨을 주는 그 기쁨으로 사는 사람이 보살 행자인 것이다.

그런 사람이 가장 사랑받을 사람이다.

# 93
·········

# 묘련화

다섯 자 남짓의 작달막한 키에 걸걸한 목소리의 마르지 않은 체구를 지닌 여인이었다. 열여섯 어린 나이에 남편을 만나 열일곱 나이로 첫아들을 낳아 장남과는 마치 오누이 같은 느낌을 주는 모자 사이였다.

자다가 느닷없는 발병을 잘해서 '아닌 밤중에 홍두깨' 격으로 그이를 들쳐업고 병원으로 내달은 적이 한두 번이 아니었다. 어린 나이에 시집가서 남편 사랑이 지극해서였을까? 조금만 아파도 호들갑을 많이 부리는 어리광 많은 보살이었다.

그의 어머니 무진장의 뒤를 이어 십수 년을 대광사 원주 일을 보았는데 그다지 야무진 편은 아니지만 알뜰하게 사중을 돌보며 후일 대덕화가 원주 일 이어받을 때까지 성심으로 봉사했다.

음식에 대한 관심이 많아서 색다르고 특별한 음식을 잘하는 편이었다. 이웃의 잔치나 절의 특별행사에 자주 솜씨를 발휘해서 여럿을 즐겁게 하기도 했다. 오락이나 놀이에 관심이 유난히 많아서 노상 무상스님과 바둑 두다가 어머니 무진장에게 자주 혼나곤 했었다.

그이의 남편은 아들 둘 낳고 처남과 연관되어 육이오 직후 비명으로 세상을 떠났다. 아주 젊은 나이에 남편과 남동생을 일시에 잃는 아픔을 겪어야 했다. 홀로 아들 둘 길러내어 첫째는 서울의대를 나와 안과 의사가 되고 둘째는 평범한 직장인이 되었다.

며느리에 대한 아쉬움이 늘 목구멍을 껄쩍지근하게 해서 아들 집에 가기를 미루고 미루었지만, 더는 절에 머물기 어려운 몸이 되어 아들에게 가서 한동안 지내다가 인천의 요양병원에서 수년을 지내다가 돌아가셨다.

매년 요양병원을 찾아가 얼굴을 보고 위로하고 오긴 했지만 그때마다 안타깝고 서글픈 마음이 도탑게 일어 발길 돌리기에 애를 먹었다.

그리 인정 많은 분은 아니었지만 가르침 주기를 좋

아해서 절을 찾는 불자들에게 평소 많이 읽으신 경전
이나 독서 지식을 이용해 친절하게 안내해 주곤 했었
다. 그래서 많은 젊은 불자들의 의지처 역할을 했다.

그분이 대광사를 돌볼 무렵은 내 나이 워낙 젊은 시
절이었고 워낙 무식하게 포교에 열정 쏟을 무렵이었
기에 학생들과 젊은이들의 치다꺼리가 여간 아니었
다. 매일 라면을 삶아야 했고 매일 비빔밥을 비벼 날
라야 했다. 먹성 좋은 젊은이들 등쌀에 남아나는 게
없을 지경이었다.

그때 비벼 날랐던 비빔밥의 공덕이 헛되지 않아서
그때 삶아 날랐던 라면 공덕이 헛되지 않아서 오늘도
그때 인연 맺었던 이들이 끊임없이 찾아들고 필요한
경우 큰 힘을 보태고 있다.

"묘련화 보살님 아시지요?"

"그때 라면 잘 먹던 김도원, 손상진 등등은 지금도
알뜰히 절을 보살피고 있고 박성철은 스님이 되어 열
심히 이웃 보살피고 있고 곽경훈은 종단의 중진이 되
어 큰 역할을 하고 있답니다.

당신께서 지으신 좋은 인연이 대광사 미래를 밝게
하고 불교의 내일을 든든히 한다는 것을⋯."

94
·········

# 원만성보살

원만성보살은 아들 둘 딸 셋을 낳아 기르며 시어머니 모시고 그다지 가정적이지 못한 남편을 보살피며 진해의 육대 앞 중심가에 살고 있었다.

육십여 년 전에 해당하는 1960년대의 그 집 생계는 화물차 운영에 의존하고 있었다. 화물차 운영은 당시로서는 상당한 사업성이 있는 업종이었다. 마산 창원 등 인근의 도시를 오가며 화물을 실어 나르며 그 운임을 받는 일이었다.

정해진 요금이 확실하게 있는 게 아니어서 그때그때 요금을 결정해 받아야 하기에 요금이 들쑥날쑥했다. 때문에 돈 관리를 위해 그 시어머니가 화물차를 타고 매번 같이 다녔었다.

시어머니가 대광사에 열심히 다니고 있어서 자연스레 그이도 절에 자주 나오고 절의 대소사에도 적극 참여하고 다른 신도들을 이끌었다.

한때 대광사가 다른 종단 사람들과 법당을 같이 쓰고 모든 행사를 함께하는 날들이 있었는데, 그렇게 하게 된 연유는 가산스님 때문이었고 그의 뜻에 넘어가 그리하도록 동의한 당시의 주지 봉암당 노사 때문이었다.

다른 종단 사람들과의 동행은 그리 오래가지 않았다. 예불 방식이 다르고 지향점이 서로 다른 사람들과의 합동은 매번 분란이 일어났고 늘 불화가 발생했다.

결국은 서로 갈라서지 않으면 안 되게 되었다. 이때 앞장서서 크게 싸움 일어나지 않는 범위에서 서로의 이견을 조절하여 갈라서게 되었는데 이때 그 역활을 잘 해낸 분이 바로 원만성보살이었다.

88년경 대광사가 지금의 장복산 아래 태백동 산 84-14(진해대로 303)로 옮겨지면서 여러 신도들과 힘을 모아 터를 마련하고 법당, 요사, 유치원을 짓게 되는데 이때 화주 역할을 확실하게 하여 큰 힘을 발휘했던 분이기도 하다.

　원만성이라는 법명에 걸맞게 신중하고 부드러운 말로 사람들을 리드하고 제접했다. 생각해서 말하고 생각해서 행동하는 신뢰성 있는 태도가 타협과 화합을 늘 만들었다.

　그분도 결국 나이는 어쩔 수 없고 쇠하는 몸은 이길 수 없어 몸이 많이 불편해지자 아들이 있는 천안 어딘가로 가셔서 한동안 지내시다가 지난봄에 돌아가셨다.

　마지막 저승길 가시는 걸음을 대광사에서 출발하게 하여 사십구재를 모셔드리고 뼛가루를 법당 뒤에 직접 뿌려 드리게 되어 마음이 많이 기뻤다.

# 95
···········

## 사람과 사람 사이

그들과의 인연은 하루 이틀로 이어진 게 아니다.

언제인지 날수를 기억하지 못하지만 십 년은 훨씬 지난 아득한 세월이다.

내가 기림사로 짐 싸 들고 들어오면서 그들과의 인연은 시작되었다.

산중에 함께 사는 사이라서 늘 미안하고, 늘 짠하다. 가까이 지내고 있어 늘 다독여야 할 사이지만 마음처럼 그렇지가 못하다. 그들 중 영원 속으로 몸을 숨기며 사라져간 이들도 있다.

덤덤한 사이라는 것이 멀다고 해야 할지 가깝다고 해야 할지 적당한 말이 생각나지 않는다.

늘상 생각하기를 무심하고 덤덤한 마음이 좋다고

생각했지만 꼭 옳다고 말할 수는 없는 듯하다.

구절초가 어느 사이 그들이 지나는 길목을 눈부시게 꾸미고 있다.

그리 구절초를 사랑하던 사람은 불귀의 객이 되어 떠나고 없다.

다시 만날 수 없고 다시 만나도 그 얼굴도 그 몸도 아니니 알아볼 수도 없다.

볼 수 없는 사람들 얼굴은 그리움으로 남아 기억하는 자를 안타깝게 할 뿐이다.

한 번 헤어지면 다시 만날 수 없는 영원한 이별이다.

다음 생에 다시 만나서 좋은 마음 주고받으며 긴 세월을 함께 수행하며 지냈으면 좋겠다.

# 설담 운성스님 인연 이야기

발행        2025년 2월

지은이      설담 운성스님

펴낸곳      도서출판 도반
펴낸이      김광호
편집        김광호(월암), 이상미(다라)
대표전화    031-983-1285
이메일      dobanbooks@naver.com
홈페이지    http://dobanbooks.co.kr
주소        경기도 김포시 고촌읍 신곡리 1168